一天搞懂区块链

有趣、有料的秒懂指南

刘明敏◎著

湖南人民出版社

图书在版编目（CIP）数据

一天搞懂区块链：有趣、有料的秒懂指南 /刘明敏著；—长沙：湖南人民出版社，2020.2（2021.3）

ISBN 978-7-5561-2433-6

I. ①一… Ⅱ. ①刘… Ⅲ. ①电子商务—支付方式—指南 Ⅳ. ①F713.361.3-62

中国版本图书馆CIP数据核字（2019）第294030号

YITIAN GAODONG QUKUAILIAN YOUQU YOULIAO DE MIAODONG ZHINAN

一天搞懂区块链：有趣、有料的秒懂指南

著 者	刘明敏
出版统筹	陈 实
产品经理	傅钦伟 潘 凯
责任编辑	田 野
责任校对	郭 平
封面设计	水玉银文化

出版发行	湖南人民出版社有限责任公司［http://www.hnppp.com］
地 址	长沙市营盘东路3号，410005，0731-83683313

印 刷	湖南凌宇纸品有限公司
版 次	2020年2月第1版 2021年3月第4次印刷
开 本	880 mm × 1230 mm 1/32
印 张	8.5
字 数	150千字
书 号	ISBN 978-7-5561-2433-6
定 价	48.00元

营销电话：0731-82683348（如发现印装质量问题请与出版社调换）

前　言

2019 年 10 月 24 日，中共中央政治局就区块链技术的发展现状和趋势进行了第十八次集体学习。在学习中，习近平总书记强调：区块链技术的集成应用在新的技术革新和产业变革中起着重要作用。我们要把区块链作为核心技术自主创新的重要突破口……

党和政府的高度重视是区块链再一次成为未来发展的重要机遇。早在"十三五"期间，区块链就作为中国重要发展技术被提了出来。

虽然区块链技术大热，甚至已经成了普通老百姓茶余饭后的谈资，但究竟什么是区块链？区块链技术是如何实现的？又能应用于哪些领域？它未来的发展前景如何？很多人脑子里并没有一个明确的概念。下面，就让我们一起来认识一下区块链吧。

区块链的概念，是基于比特币网络提出的。比特币的概念，是在 2008 年由中本聪提出的。这是一种不依靠中央机构发行的数字货币，根据特定算法产生，通过密码学来保证货币流通的每个环节的安全性。那么，究竟什么是区块链？

区块链本质上是一个技术组合，涉及密码学、管理学、数学、互联网和计算机编程等多个科学技术领域。从应用的角度而言，区块链是一个分布式的共享账本和数据库，拥有多种优点，如去中心化、不可篡改、可以溯源、公开透明等。这些，本书第一章进行了详细介绍。

区块链的原理，是本书第二章重点介绍的内容，包含了哈希算法、共识机制、智能合约、分布式存储和数据共享等。通过深入浅出的介绍，让你懂得区块链运行的基本原理，对区块链框架有一个大致的了解。

区块链已经不只是一种技术，还是一种思维方式。如今，区块链的应用涵盖了多个领域，"区块链+"具有非常广阔的发展前景。区块链在支付、餐饮、医疗、保险、投票、新零售和租房等领域应用，颠覆了传统模式，本书第三章进行了详细介绍。

"区块链+支付"，可以解决大部分的劳动纠纷问题。例如，员工讨薪困难的问题。只要老板和员工双方在区块链上建立智能合约，到了发薪日期，无论老板是否给员工主动发薪，智能合约都会主动执行。同时，若是员工出现违约事件，老板也可以记录在区块链系统中，并且这些信息不可更改，从而打造了一种基于信任的雇佣关系。

"区块链+租房"，也被广泛应用于生活中。基于区块链不可更改的特性，房主上传的房屋信息，会被永久记录在区块链系统中。这样，可以帮助租户更好地了解房屋的使用状况，从而避免被黑中介欺骗。同理，房主也可以对租户进行评价，帮助其他房主更好地甄选合适的租户。

"区块链+"的应用越广泛，意味着其发展前景越远大。但是对于区块链技术，世界各国态度不一。中国对于区块链始终保持支持发展的态度。比如，在2017年，中国电子技术标准化研究院开始进行标准区块链系统的功能测试，并积极发展自己的区块链项目。截至2019年12月，中国已经有263个区块链项目在积极研发中，占全球份额的25%。现在，区块链技术已经被列为中国重要的发展战略之一，利用区块链技术，中国可以迅速与世界接轨。

目前，区块链技术的发展还处在初期节点，并不完善。而且，前期的比特币价格疯狂上涨事件，也让很多人对其产生了误解。例如，有人认为"区块链就是炒币""区块链是一种技术""区块链适用于全行业"等，这种认识十分不利于区块链的发展。正确认识区块链，我们才能正确应用。了解了区块链的误区有哪些后，我们才能积极去规避。对区块链的常见误区，本书第五章做了详细介绍。

从未来社会的发展角度来看，区块链、人工智能和物联网是发展重点，三者联系在一起，形成一个良好的发展闭环。物联网可以收集信息，人工智能则来处理这些信息，区块链则完成传递信息的工作。尤其是随着 5G 网络的发展和普及，区块链、物联网和人工智能将碰撞出让人期待的火花。

区块链的"未来已来"，无论对于国家、企业还是个人而言，既是挑战又是机遇。在发展的过程中，我们应该秉持着理性的态度，不要被各种"炒币"行为所诱惑，积极投入到区块链生态圈的建设中。

本书力图以清晰的逻辑、图文结合、通俗易懂的文字，阐述区块链的各种基础知识、场景应用、误区规避和发展趋势等内容，满足欲了解或入局区块链的新手的阅读需求。

目录

第三章

区块链的应用场景   099

第六章

未来已来，区块链的机遇与挑战　　209

第一章
什么是区块链

1

一个故事让你搞懂区块链

区块链爆火，吃饭的时候，大家都在聊区块链，其中一人问：

"你们都在说区块链，区块链到底是个啥？"

"区块链就是……"各有各说，一堆术语。

"听不懂。"一脸懵，大家面面相觑。

区块链究竟是什么？我们今天就用一个故事来讲讲什么是区块链。

分布式账本

正在上班的你，接到正在国外血拼的朋友粥粥的微信，她说："亲爱的，你知道对我来说，世界上最痛苦的就是，看上一款包包，却发现没钱了。借我一万元，回去发了工资立即还你。"

你虽然知道她对包包的狂热，但你们毕竟只是普通朋友，想要借钱给她，但又有点担心她万一不还怎么办？

你思考了一会儿，就给你们共同的另外一位朋友秋秋发了一条微信，把粥粥借钱的事告诉了她。但你依然不放心，又把这个消息告诉了第二个朋友，第三个朋友……

于是，你和粥粥的共同朋友都收到并记录了一条消息，说粥粥向你借了一万块钱买包包。

每个朋友都记一下的这个账，就叫"分布式账本"。

区块

过了一周，你的另一个朋友蛋蛋发消息说，他要结婚了。你说了恭喜后，他有点不好意思地说，婚房要装修还差点钱，问你能不能借给他一万元？他还说，一个大男人，找女生借钱，真是难开口。

你嘴上说没关系，但为了保险，你还是像上次那样对你的朋友们说了这个消息。于是，他们又记录下你借给蛋蛋一万元装修的消息。

你每一次借钱的信息，包括时间、人物等信息，打包起来形成一个结构化信息包，这个信息包就是区块。

去中心化模型

后来，朋友们觉得你的这个模式不错，互相借钱时也开始模仿你的做法。比如你的朋友 B 向 A 借 100 块钱，于是 A 就在朋友群中大喊："我是 A，我借了 100 块钱给 B！"于是，你和你的朋友 C，D，E 都听到这个消息，就拿出手中的小账本并默默记下："某年某月某日，A 借给了 B 100 块钱。"

这就是一个极简化的去中心化模型，在这个系统里不需要银行、支付宝，不需要一个拥有公信力的组织，也不需要信任关系。

区块链

当大家互相借钱的信息越来越多，意味着区块越来越多。这些区块像链条一样连成一串，越来越长，就成了区块链。如图 1-1：

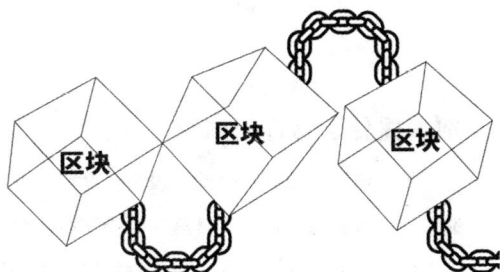

图1-1 区块链

看起来区块链就像成语接龙，但它们之间的关系要复杂得多。为了避免账单混乱不好查找，也为了防止被篡改，区块与区块之间使用密码相互关联起来。关于区块链中的密码学，我们在第二章会详细介绍。

区块链应用

让人没有想到的是，由于粥粥经常迟到、早退、请假，回来后不久，她就被解聘了，这让她一下深陷"钱荒"。当你委婉地提起她欠你钱的事时，她电话不接，微信不回，玩起了失踪。好不容易接电话了，居然想不承认借钱的事。

你找到记录过这些信息的朋友和她对质，她顿时花容失色，为了自己的声誉，她承诺找到工作后的第一份工资就还你。

这就是区块链应用。

别人凭什么帮你记账

不知道你注意到一个问题没有，就是当有人向你借钱，你只需在群里喊一声："某某向我借了多少钱。"然后，你所有的朋友都会认真地拿出账本，写下你这条关于借钱的详细信息。

你的朋友难道都很闲吗？他们凭什么帮你记账呢？

于是，为了让朋友们心甘情愿地帮你记账，你增加了一条新规则，就是给第一个听到你喊话并且将其记录在账本上的人一定的报酬。奖励机制也很简单，就是区块链领域中的 token（代币）。你帮我记账，可以得到报酬，就像打工可以挣钱一样。这样一来，大家记账的热情就被调动起来了。为了得到奖励，有人开始屏气监听周围发出的声音，只为了能在第一时间记下一条新的记录。

2

从比特币到区块链

自比特币诞生以来，经常与区块链混淆，甚至被认为比特币就是区块链，或者区块链就是比特币。

那么，究竟什么是比特币？

比特币的发展历程是什么？

比特币与区块链有什么关系呢？

想要弄懂比特币与区块链的关系，首先我们来看看比特币是如何诞生的。

"创世区块"的诞生

2008 年 11 月 1 日，中本聪在名为 P2P Foundation 的网站发表了比特币白皮书——《比特币：一种点对点的电子现金系统》。在文件中，他陈述了对电子货币的新设想。

2009 年 1 月 3 日，开天辟地的 Block #0，即 "0 号区块" 问世，如图 1-2，它被称为 "创世区块"。

Block #0

Summary		Hashes	
Number Of Transactions	1	Hash	000000000019d6689c08······
Output Total	50BTC	Previous Block	0000000000000000000······
Estimated Transaction	0BTC	Next Block(s)	00000000839a8e6886ab······
Transaction Fees	0BTC	Merkle Root	4a5e1e4baab89f3a32······
Height	0(Main Chain)		
Timestamp	2009-01-03 18:15:05		
Received Time	2009-01-03 18:15:05		
Relayed By	Unknown		
Difficulty	1		
Bits	486604799		
Size	0.285kB		
Weight	0.896kWU		
Version	1		
Nonce	2083236893		
Block Reward	50BTC		

图1-2 创世区块

比特币本质上是一种虚拟的加密数字货币，建立在 P2P 点对点网络上。它并不是由特定的货币机构发行，而是依据芯片的计算能力，通过大量的计算，若能比竞争对手更快地求解，就可赢得在公开账簿上的记账权，获得系统奖励的比特币。

有人描写比特币的获取过程，"比特币矿机昼夜不停地运转着，在寂静的夜空里发出绿色光芒，像《黑客帝国》中的矩阵，充满科幻感"。这个不断计算的枯燥过程，被业界称为挖矿，极为形象。

举个例子，这就像学生上课抢答老师的问题。老师是比特币网络，学生是节点。比特币网络抛出问题，节点抢答。哪个节点的运算能力强，先算出正确结果，就可以获得此区块的奖励。运算能力越强，获得的奖励（比特币）越多。

对于"比特币挖矿"的话题，知乎用户"玲珑邪僧"曾举过一个非常生动形象的例子。他将"比特币挖矿"，比喻成"解题得微信号"："单身男士们想要找女朋友，于是'国民岳母'说：'我有很多漂亮、乖巧可爱的女儿，现在我给你们出几个旷世难题，只要你们能够解出其中一个答案，就能获得其中一个姑娘的微信号。'"

"听了'国民岳母'的话，这些单身男士们疯狂竞争，想破脑袋去解这道旷世难题。这个时候，其中一位聪明的单身男士先成功解出题，得到了答案。他立马得意扬扬地昭告天下，向全部单身男士示威：这个姑娘的微信号是我的了，你们放弃吧。

即使有的单身男士已经算了一半，也需要马上放弃，赶紧去解下一道题。"

Block #0 在 1 月 3 日当天服务器时间的下午 6 点 15 分被计入公开账簿。6 天后，即 2009 年 1 月 9 日，第二个区块"Block #1"才被挖出。

价值上亿的披萨

2010 年 5 月 22 日，美国佛罗里达州的一位名叫拉斯洛·汉耶茨的程序设计员，在披萨店买了两个大号披萨，支付的不是美元，而是 1 万比特币。这是比特币在现实生活中的第一次成功交易。2017 年，比特币曾一度达到一个比特币为 2 万美元。

2014 年 9 月 9 日，美国电商巨头 eBay 宣布，旗下的支付处理子公司 Braintree 与比特币交易平台 Coinbase 达成了合作，开始接受比特币支付。

如今，比特币可以兑换成大多数国家的货币，拥有者可用来购买一些虚拟产品或者兑换现实生活中的物品。

伴随着比特币产生的技术：区块链

在提起比特币的同时，总是会伴随"区块链"这个名词，并且对它们之间的关系产生误解。其实，比特币与区块链是同时存在的。

中本聪发表白皮书的那一天，区块链便随之诞生。比特币是世界上第一种"去中心化"的数字货币，为了发明它，中本聪搞出了一种新技术，他把它命名为"区块链"。因此，区块链是伴随着比特币产生的一种新技术。

如果这样说难以理解，我们可以来看一个简单的比喻。瓦特发明了蒸汽机，在发明的过程中，同时也产生了一整套相关的技术。但是，技术并不是产品本身，蒸汽机本身依存于技术，别人利用技术可能会生产出更多产品。

应用在比特币和区块链上，即比特币是一种产品，区块链是随之产生的通用技术。应用此技术，除了比特币还会有更多的产品被发明。

"区块链"为单一节点借助区块来进行同步交易，为的是保证所有区块信息的统一性。中本聪为了防止信息的累积，将初期产生的所有交易信息打包，形成一个正确的账本数据库区块，这个区块就是创世区块。在这之后，每个相同区块内都会诞生一个新的区块，打包期间所产生的所有交易信息，并与前面的区块链接起来，形成区块链，如图1-3所示。

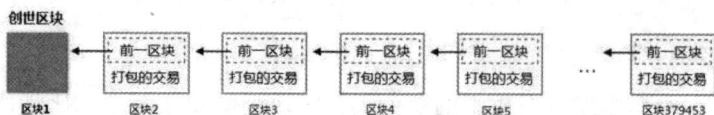

图1-3　区块链

区块链之间不断运算，就会产生比特币，这个过程是非常有意思的，并且催生了一种新型的职业：网络挖矿。

比特币的特点

中本聪发表的比特币白皮书表明，比特币是一种加密数字货币，是一种点对点的电子现金系统，与传统货币有着非常大的不同。

中本聪曾经提到，传统货币是由中央银行发行，存在的基础是信任。中央银行必须获得用户的信任，让人相信它不会让用户贬值。在这个过程中，银行是用户支付的第三方平台，承担着管理钱财的重任，并让财富能以电子货币形式流通。但是在流通时，很可能会出现各种经济危机。

比特币的货币模式则与传统货币完全不同，它具备下面三个特点：

首先，它不是由中央机构发行的，而是由运算系统自动产生，杜绝了他人干涉和违规操作的发生。

其次，比特币的数量是一定的，并且其产生过程是固定的。在比特币诞生初期，区块链的奖励是50个比特币，即每10分钟，就会产生 50 个比特币。当比特币的数量达到 1050 万时 (2100 万的 50%)，区块奖励将会减半为 25 个；当总量达到 1575 万 (新产出 525 万，即 1050 的 50%) 时，区块奖励将会再次减半为 12.5 个；当比特币达到 2100 万个时，区块奖励将会取消。比特币的个数将永远被限制在 2100 万个。

2012 年 11 月 28 日，比特币迎来了第一次区块奖励减半，从每 10 分钟 50 个比特币减少到每 10 分钟 25 个比特币。2016 年 7 月，比特币迎来了第二次区块奖励减半，奖励降为每 10 分钟 12.5 个比特币。

截至 2019 年 6 月，全世界挖出来的比特币数量已达总数的 83%。到 2045 年，预计 99.95% 的比特币将会被挖出来。

最后，比特币的所有交易过程都记录在一个公共账本中，所有人都可以参与记账，并且进行查看。这样，就可以保障整个系统在公开透明的环境下进行，让人们产生足够的信任，同时保证了货币不会因为滥发而贬值。

区块链是比特币的底层技术，是区块链技术的一种应用体现。在未来，区块链将会应用到更多方面，为人们的生活带来更多便利。

3

区块链发展的三个阶段

区块链在近年逐渐得到了不同国家的认可，并被认为是"世界的第九大奇迹"。

人们将区块链的发展分为三个阶段——1.0 阶段、2.0 阶段、3.0 阶段。

区块链 1.0 阶段——数字货币

区块链 1.0 阶段，主要应用在数字货币上，以比特币为代表。

数字货币的各种买卖，是人们参与区块链的最主要形式。在 1.0 阶段，数字货币包括了比特币和莱特币两种。在这个阶段，人们并没有注意到区块链技术的价值，更关注的是数字货币的投资回报率。

人们热衷于关注数字货币的价格，怎样获得它，怎样才能发挥数字货币的最大价值。同时，1 万比特币兑换两个披萨的事件，将虚拟货币与现实实物联系到了一起，对于区块链的发展，具有里程碑式意义。

区块链 2.0 阶段——可编程化区块链

区块链 2.0 阶段，主要应用在金融领域，以智能合约的开发和应用为代表。

在数字货币的基础上，加入了智能合约等一系列的见证协议，成为真正可编程的区块链，可以优化更多金融领域的实务和流程。

1990 年，尼克萨博提出了智能合约的理念，这是一种以信息方式传播、验证或执行合同的计算机协议。智能合约可以不通过第三方进行可信交易，且交易可追踪、不可逆转。

尼克萨博提出智能合约后，由于没有可信的执行环境，并没有应用到实际生活中。比特币的诞生，让人们发现它的底层技术区块链恰好可以为智能合约的执行提供可信环境。

区块链 2.0 阶段，可编程化区块链的标志产物就是以太坊，也是智能合约的应用产物。以太坊是一个开源的有智能合约功能的公共区块链平台，通过其专用加密货币——以太币，提供中心化的以太虚拟机来处理点对点合约。

2013 年，程序员 Vitalik Buterin 受到比特币的启发，提出了"下一代加密货币与去中心化应用平台"的理念，以太坊应运而生，并在 2014 年通过 ICO（首次币发行）众筹飞速发展起来，实现了虚拟世界应用实际落地化。

想要了解以太坊，我们可以看一个有趣的小故事：

A 想购买 B 的房子，B 也有出售房屋的意向。但是，现在房子还在租赁阶段，租客的合同两个月后才能到期，无法立即交易。然而，A 两个月后需要去外地出差，并且会持续很长一段时间，无法当面办理房屋所有权的转让手续。

于是，两人商量在以太坊上建立一个关于房产转让的智能合约，合约规定：两个月后，租客的租赁合同到期，A 把钱打到 B 的账户，B 将房屋的所有权转让到 A 的名下。

以太坊为 A 和 B 提供了一个可信任、安全的环境，并且 A，B 双方都愿执行。而在现实中，若是 A，B 双方选择线下签订合同，需要双方约定好时间，去登记机关提供各种证明信息办理产权交接，然后通过第三方平台进行房屋交易。在这期间，A，B 双方会浪费很多的时间和精力。

以以太坊为主的区块链 2.0 技术，可以达到每秒 70 ～ 80 次交易次数，但是其应用场景并没有发展更多，这就需要将眼光放到区块链 3.0 阶段。

区块链 3.0 阶段——超越货币、金融范围的区块链应用

区块链 3.0 阶段，应用范围已经超出了金融领域，致力于为各行业提供去中心化解决方案，向智能化物联网时代发展。

区块链应用的领域将扩展到人们生活的方方面面，比如医疗、司法、物流等。区块链可以解决信任问题，人们不再需要依靠第三方获取或建立信任，大大提高了人们的办事效率。

在 3.0 阶段，区块链技术将远远超越货币、支付和金融这些经济领域，它是对每一个互联网中心代表价值的信息和字节进行产权确认、计量和存储，重塑人们生活的方方面面。

从 2018 年开始，区块链进入 3.0 阶段，也多了更多的应用

场景，如自动化采购、智能化物联网、供应链自动化管理、虚拟资产兑换和转移等，甚至会改变 AI（人工智能）、数据储存等多边领域的服务流程，颠覆这些领域的传统商业模式。

从开始的比特币、以太坊到现在的生态链，从信息到信任再到信用，区块链技术的价值将获得最大提升，再从价值过渡到财富，将信息、信任、价值、财富互联在一起。未来的区块链，将是生态、多链构成的网络，带来的不仅是价值交换，而是形成一个多设备的无缝对接的价值互联世界。

4

为什么说去中心化是区块链最根本的特征

从区块链诞生以来，去中心化一直被业界作为区块链的核心属性之一。

那究竟什么是"去中心化"？

区块链中的"去中心化"有什么好处？

除了去中心化，区块链还有其他什么特征？

要了解区块链就绕不过去中心化（英语：Decentralization）这个概念。所谓去中心化，是和中心化对立的，要了解什么是去中心化，就要先了解一下什么是中心化。

什么是中心化

这里，我们举个例子来看什么是中心化。

据说刚过去的"双十一"，有人收了几千个快递，真是快递收到手软。我们就以淘宝购物流程为例：

加购→付款→支付宝收款→店铺发货→确认收货→支付宝把钱给店铺

从这个流程，我们可以看到，支付宝是买卖双方选择的信任机制。淘宝上所有的交易都需要通过支付宝这个中转站来完成交易。支付宝就是交易中心，即中心化的标志。

中心化的特点就是大家都服从于一个中心，中心决定节点，节点依赖中心，如果离开了中心，节点就无法生存。中心化具体什么样？如图1-4所示。

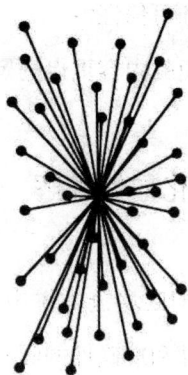

图1-4 中心化

中心化的优势很明显，那就是有老大罩着，没人能浑水摸鱼。但其劣势也显而易见，过于依赖一个繁忙的中央服务器。万一哪天这个服务器停摆，整个系统就瘫痪了。现在来看马云的支付宝真的很厉害，可万一哪天它出了问题，买卖双方无法自证，只会纠缠不清。还有，万一这个中心想干坏事，那简直是轻而易举。

这个时候，去中心化的优势就显现出来了。仍然以淘宝购物为例，去中心化的流程是这样的：

加购→付款→卖家收款并发货→双方对外宣称交易完成

很明显，交易流程简洁了。重要的是，这个流程不再受到支付宝中心的限制，防范了第三方风险。但你看到了，这样其实也是有问题的。如果没有信任，买方凭什么把钱给卖方，万一他收了钱跑路怎么办？没有了中心化的权威代理，怎么来保证每笔交易的准确性和可信性?

敲黑板,注意!下面的内容重点划黑线。

区块链的去中心化如何理解

这里要讲重点了,即区块链的去中心化到底什么样?它又是如何保证交易的可信性和准确性的呢?

去中心化最初的来源,是一个自然科学中的生态学原理。在一个分布有众多节点的系统中,每个节点各司其职互不干扰,具有高度自治的特征。这种开放式、扁平化、平等性的系统现象或结构,被称为去中心化。区块链就是这样一个基于"去中心化"形成的特殊的分布式数据库。如图 1-5 所示。

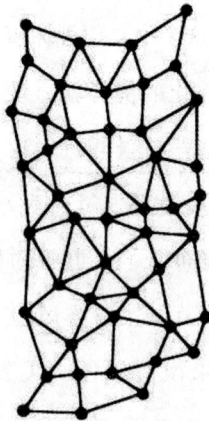

图1-5 去中心化

从网络结构上看，区块链的去中心化就是一个多元化的网络结构。节点之间彼此可以自由连接、制约，但并不受到某一个中心节点的管制，使得每一个节点实现平等、自由的数据交换，这就是去中心化的目的所在。相比中心化，以太坊创始人维塔利克·巴特林总结了去中心化为区块链带来的三个好处：

1. 容错性

区块链的去中心化最大的好处就是不再有控制一切的中央权威。在区块链的分布式系统中，因为系统由分散独立的多个节点组成，因此在系统整体上不容易遭受破坏。

2. 抗攻击力

在传统中心化网络系统中，一旦中心节点遭遇攻击，整个系统都会被摧毁。而在去中心化的系统中，无权威中心节点可攻击，导致攻击成本提升。而就算一个节点被攻击崩溃，也不会危及系统中的其他节点，这大大提高了系统的安全性。

3. 防合谋

去中心化系统中没有掌控一切的老大，各个节点的平等赋予区块链透明、公开的特性，再加上任何的增减和修改都必须告知其他节点，类似于"全民参与"，这就使得区块链上所有的参与者，很难以牺牲其他参与者为代价，而密谋使自己获利。

此外，去中心化的区块链技术，也更为便捷高效。传统的中心化系统里，看起来是你按了支付按钮，就飞到了另一个人的手机里。实际上，在这期间后面的中央服务器可是忙得跑断了腿，支付数据先要传送到中央服务器，经过服务器确认处理，再传送到用户手机里。而且从你支付，到卖家发货，再到你确认收货，得来来回回跑好几趟。

去中心化系统中，无需第三方介入，点对点直接交互，使得大规模的信息交互同时进行，不仅节约资源，也更高效、便捷。

"去中心化"去的究竟是什么

写到这里，可能就有读者总结说："哦，所谓去中心化就是去掉中心。"这个认知是对去中心化的一个误解。去中心化不是去掉中心，而是中心多元化，使得任何人都可以成为中心。但任何中心又都不是永久的，中心对每个人不具备强制性作用。

也有人认为，去中心就是去监管，没有了权威中心，不就是没有监管了吗？其实并非如此。监管与"去中心化"并不冲突，"去中心化"去的是中央控制方和中介方，而不是监管方。

事实上，区块链技术从来不排斥监管，相反，监管节点可以方便地接入任何一个区块链网络。而区块链的公开透明性，则使整个系统的交易数据更方便监管机构监控。再加上区块链的防篡改特性，交易一旦发生后即不可更改、不可删除，直接杜绝了数据造假蒙蔽监管情况发生的可能性，更有利于监管机构对市场行为进行监督。

区块链的其他特征

上面讲述了区块链的去中心化特征以及优势，了解了区块链与传统的分布式系统之间的最本质的区别就是去中心化，但这并非区块链的唯一特征。那么，作为一种全新种类的分布式系统，区块链技术还有哪些特征呢？

1. 去信任

区块链技术之所以可信，是因为有一个相对可信的"公开的公共账本"。这个账本上所有的数据内容都是公开透明的，就是说在系统指定的规则范围和时间范围内，节点之间是不能也无法欺骗其他节点的。所以参与整个系统的每个节点之间进行数据交换不需互相信任。

2. 开放性

开放性是指区块链系统是开放的，除了交易各方的私有信息被加密外，任何节点都拥有全网的总账本，数据对所有人公开。

3. 自治性

自治性是指区块链采用基于协商一致的规范和协议使得整个系统中的所有节点，能够在去信任的环境中自由安全地交换数据，使得对"人"的信任改成了对机器的信任，任何人为的干预都不起作用。

4. 信息不可篡改

在常见的计算机应用中，所有的数据库都可以更新和删除。

但区块链系统是一个没有办法进行任何修改的记录系统。当信息通过共识并添加至区块链后，就被所有节点共同记录，并通过密码保证前后互相关联。这些记录一旦生成，就没办法再修改。

5. 匿名性

当我们在享受互联网的便捷时，常会感慨这是一个没有隐私的年代。区块链的匿名性特点，在一定程度上可以保护用户的隐私。因为在区块链上，每一笔交易数据虽然都是公开透明的，但交易是非实名制的，他人无法知道交易者的真实身份。

例如，小张向小王支付了 10 个比特币，但双方使用的不是真名，而是代号，这个代号通常是一串无意义的数字。在系统内只能查询到这笔交易的数据信息，查询不到交易者的身份信息。

5

区块链中的公有链、私有链和联盟链有何区别

在区块链文章里，我们常常看到这样几个"链"：公有链、私有链、联盟链……这几个"链"究竟有什么不同呢？

按目前的应用情况，区块链可以分为公有链、联盟链和私有链三种。

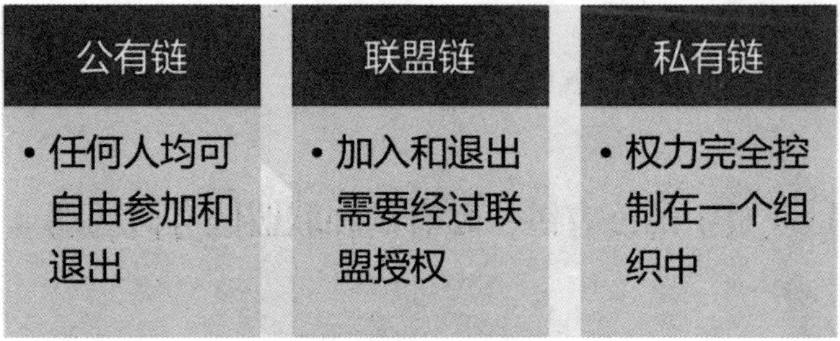

公有链	联盟链	私有链
•任何人均可自由参加和退出	•加入和退出需要经过联盟授权	•权力完全控制在一个组织中

图1-6 公有链、联盟链、私有链

三者的区别，可以从四个方面来看，如下表所示：

表1-1

比较	公有链	联盟链	私有链
去中心化程度	完全去中心化，任何人既可以进行交易也可以读取信息	部分去中心化，系统由几个权威的机构共同分布式记账	系统内的每个节点的权限都需要组织来分配
数据透明度	完全公开透明，每个参与者都能够看到所有账户的交易活动	部分透明，民众可以进行查阅和交易，不过验证交易的话就需要联盟内部决定	不透明，由于读取数据的权限受限，任何节点参与者很难获得数据链上面的数据
准入机制	所有人	授权的组织或机构	单独的个人或实体

比较	公有链	联盟链	私有链
读写控制	没有任何组织或个人可以篡改或控制公有链中数据的读写	只允许共同参与的组织或者机构进行读写和发送交易	在某些情况下，私有链上的一些规则，可以被机构修改
安全性	安全性好。公有链上的信息不会被篡改、不能被收买，且能保证数据的一致性。这不仅降低了风险，而且同时提高了安全性	安全性好。联盟链要求单位时间内所能确认的交易数量更多，因此在安全和性能上的要求比较高	风险大。私有链最大的缺点是可以被操纵价格，也可以被修改代码
隐私性	保护隐私。节点之间无需彼此信任，所有的操作都可以匿名进行	隐私保障好。因为读取权限是由该组织决定的	更好的隐私保护。读取数据的隐私权受限，参与者难以获得私有链上的数据。

如上表所示，公有链是编写、读取账本的权限开放给所有人，保证数据无法被篡改和不丢失。公有链的存在形式完全符合区块链的理念，只是它仍然存在概率信息效率低下的问题。

私有链是将权限收归己用，解决了效率和信息公开问题。但是，由于管理层属于内部人员，去中心化程度不高，其理念与区块链的初衷相悖，很难获取外界用户的信任。

联盟链是将公有链和私有链结合起来，很好地提取了两者的优点。在联盟链中，成员相互制约，有效地防止了私有链成员自己管理自己，同时又将参与权限限制在少部分成员手中。既可以很好地解决去中心化的问题，又可以提高效率。

对于公有链和私有链的区别，我们可以打一个比方：公有链可以看成是一个互联网，互联网上的消息都是互通有无的。私有链就是一个完全封闭的局域网，只是加入了区块链技术，对读取权限或对外开放的程度进行了限制，参与节点的资格会被严格限制。所有的参与者都是自己人，不需要通过共识算法来给予经济激励。没有竞争"挖矿"的过程，私有链的记账速度自然就比较快。而且，私有链是内部节点，记账环境比较可信，具有比较高的隐私性。

从某种程度上来说，联盟链其实也属于私有链，只是私有的程度不同，权限的设计要求更复杂，可信度更高。

**拓 展
知 识 点**

公有链、联盟链、私有链的适用场景

1. 公有链的应用场景

因为公有链公开、透明的特性，使得每个人都可以获得记账的权利，获得经济奖励，导致"挖矿"的人越来越多。如图1-7。

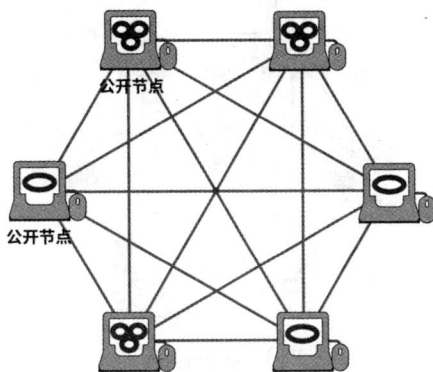

图1-7　公有链应用场景

　　因此，公有链始终存在效率低、大规模耗电、验证和交易时间长的问题。但公有链采取的是分布式记账，而且是高度去中心化的分布式账本，整个交易数据是在所有人监控下进行的，公有链中的数据，是无法篡改的。

　　所以，公有链适用于对可信度、安全性有较高要求，而对交易速度要求不高的场景。公有链应用的项目有很多，例如比特币、以太坊、EOS、eth等，都是以公有链为主。

　　2. 联盟链的应用场景

　　联盟链，也可以称之为区块链的联盟。有一些行业和应用，因为自身的保密性质，不需要公有链公开透明的特性，同时又需要与其他机构合作，联盟链就应运而生。如图1-8。

图1-8 区块链的联盟

联盟链账本的公开程度，在私有链和公有链之间。在联盟链中，能够参与的节点仅限获取权限的联盟成员，而且会根据自身情况向联盟成员开放部分功能。在联盟链中，节点只有读写权限，记账规则需要按照联盟的规则进行。

联盟链更适用于机构之间的交易、结算、清算等。例如，多个金融机构都拥有自己的区块链，为了便于数据的对接和协同，它们将这些区块链网络连接到一起，形成一个联盟性质的网络。

一个经典的案例就是，人民银行开发了一个基于联盟链的结算、清算系统，其他银行也想要使用这个系统，便可以加入联盟，获得相应授权，实时进行不同银行之间的结算、清算。

联盟链既不属于中心化系统，也不完全属于去中心化系统，介于二者之间。它采用的方式是权益证明或PBTF等共识算法，而不是工作量证明共识机制。在运转的过程中，它几乎不需要人工参与，不仅节省了人工成本而且还大大降低结算、清算成本。

联盟链需要成员共同维护，并对成员提供管理、监控、授权和设计等全套安全管理功能。联盟链更适用于行业协会、大型连锁企业和高级别机构等组织对下属单位和分管机构的管理和监管。

3. 私有链的应用场景

与公有链的高公开性、透明性相反，私有链更强调其私密性。例如，公有链的账本是对所有人开放的，但是私有链会将权限限制在某一个人或机构中，只允许权限内的人进行操作。如图1-9。

图1-9 私有链

私有链有交易速度快、成本低的特点。而且私有链的参与局限性和私密性，可以有效地防止内容某个节点篡改数据。一旦故意隐瞒或篡改数据的情况出现，能够及时追踪其来源。再加上私有链中的交易数据不会全网公开，可以更好地保护节点自身的隐私。

所以，私有链经常应用在一些金融、审计机构和一些大公司中，用来存放数据库和账本，只有获得权限的用户才能进行访问和修改数据。例如，公司的财务预算，能够参与记账的人只是公司财务部门的领导和老板，这样就提高了执行效率。而读取权限，则可以根据公司需要，选择让公司管理层或全体员工知道，大大降低了出错的可能性。

在实际应用中，单一的某种链有时候无法满足用户的需求，因此，开发者经常会将不同类型的区块链结合在一起，如公有链＋联盟链、私有链＋联盟链等，将其优点结合在一起，避免其缺点。

第二章
区块链的技术原理

1

80% 的人都搞不懂哈希算法是什么

说到区块链，就不得不提起它的核心算法：哈希算法。但是很多人并不了解哈希算法。

那到底什么是哈希算法？

除了区块链以外，哈希算法在其他领域还有哪些应用呢？

哈希算法是一种加密算法

说到哈希算法，就不得不提一下哈希函数（Hash Function）。哈希函数，又被称为散列函数或杂凑函数。它是一个公开函数，数学表达式可以为：h=H(M)，其中 H 是哈希函数，M 是要加密的信息，h 是输出的固定长度的哈希值。

整个运算过程是，人们输入的任意长度的消息 M，经过散列算法运算后，输出一个长度短且固定的数值 h。即，不论你输入的数据是什么格式、有多大，最后输出的数值都是固定的。

哈希函数是一种单向的密码体制，整个过程是不可逆的，只能由明文得到密文，并不能由密文得到明文。即，只能加密，不能解密。

以比特币使用的 Sh256 算法为例，无论输入什么样的数据文件，最后输出的都是 256bit。256bit 经常用 16 进制数字表示，最后的数字是 64 位。所以，我们经常看到的哈希值是这样的：00740f40257a13bf03b40f54a9fe398c79a664bb21cfa2870ab07888b21eeba8（数字来源于 Btc.com）。

哈希函数的特点

哈希函数具有如下特点：

1. 等长性

不论输入的数值多大，经过算法转换后，得出的哈希值都是等长的，而且长度比较小，不会占据太多存储空间。

2. 单向性

哈希算法的运算过程是不可逆的，一个数据经过转换后可以得到一个哈希值，但是我们无法通过哈希值来反向推导原有的数据。哈希算法的这一特性，大大提高其安全性。

3. 无序性

哈希算法并没有特定的规律，最后得到的哈希值，往往只是一串随机的字符，不具有任何现实含义。正因为哈希算法的无序性，导致"冲突"现象出现。所谓的"冲突"，就是两个元素在通过散列函数转换的过程中，获得了相同的地址，从而导致了冲突的发生。

4. 对应性

同一个原始数值经过哈希算法转换后，得到的永远都是同一个哈希值。即所有的哈希值都具有唯一性，与唯一的数据相对应。如图 2-1 所示。

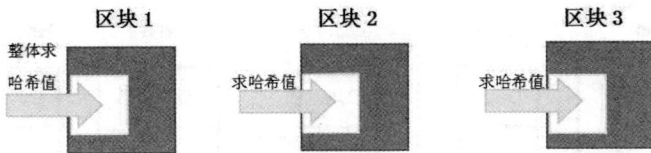

图 2-1

每个区块上的哈希值都是固定的，如果想要篡改某个区块，就会导致哈希值改变，从而无法对应下一个区块。

5. 抗碰撞性

哈希函数的运算过程相当复杂，包含多种数学运算和大量变量循环运算，要满足两个不同的消息产生相同的哈希值几乎不可能发生。加密哈希函数对区块链的安全性和"挖矿"有巨大的帮助。

想要了解区块链，首先我们要明确构成它的两种数据结构：链表和哈希指针。

我们不妨以比特币为例，来帮助理解。在比特币中，哈希算法会把交易生成数据摘要，形成一个区块。这个区块会包含上一个区块的哈希值，而后面的区块也会包含这一个区块的哈希值。每个区块都链接在一起，形成一个哈希指针链表。

所谓的链表，就是依次按顺序连接而成的数据区块，如图 2-2 所示：

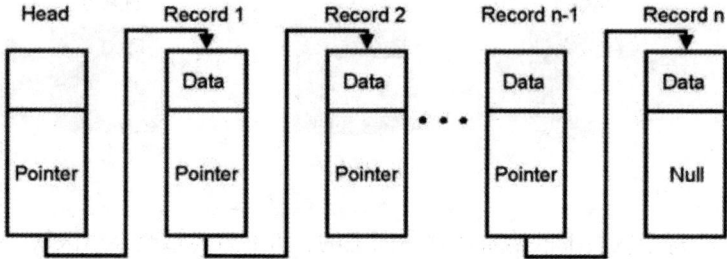

图 2-2 链表

在整个区块链表中，每个区块都是通过指针指向另一个区块。

指针，就是包含其他变量地址的变量。简单而言，就是指向其他变量的变量。在区块链中，涉及一个概念——哈希指针。哈希指针，就是说指针不仅有其他变量的地址，还有该变量中数据的哈希值。那么，这对区块链而言有何帮助呢？我们不妨先来看一下区块链的构成，如图 2-3 所示。

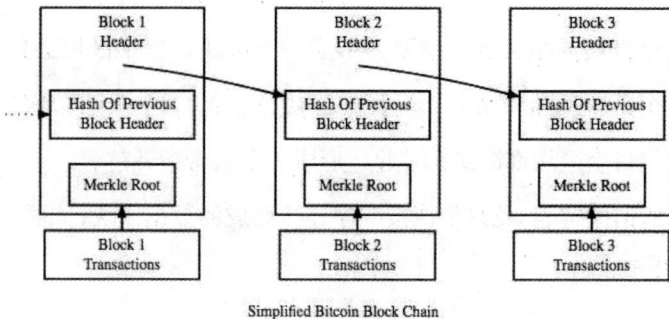

Simplified Bitcoin Block Chain

图 2-3　区块链的构成

释义：区块链的本质就是一个链表，只是在每个新区块中都会包含一个哈希指针。这个指针里面包含前面一个区块所有数据的哈希值，并指向对方。正是因为这一特征，才使得区块链拥有了不可篡改的特质。

区块链如何实现其不可更改性？

假设在上面的图表中，有一个人出于利益原因，尝试篡改1号区块中的数据。这就会导致一个结果，使得存储在2号区块里的1号区块的哈希值产生巨大的变化。同时，导致2号区块的哈希值发生变化，进而导致存储在3号区块的哈希值也发生变化。以此类推，整个区块链的哈希值都发生变化。若不随之变化，第1个区块链的哈希值就会与储存在第2个区块链的哈希值无法对应，使得区块链直接中断。

所以，区块链的一个重要特质就是，任何输入端的细微变化都会对哈希函数的输出结果产生剧烈影响。因此，它是不可篡改的。

区块链还有哪些地方用到了哈希函数？

1. 计算区块链中节点的地址、公钥和私钥区块链中的公钥，会经过两次计算，一次是 SHA-256 计算，然后是 RIPEMD160 计算，就会得到一个公钥哈希。得到公钥哈希后，先添加版本信息，再经历两次 SHA-256 运算，取前 4 比特字节放到哈希公钥加版本信息中，经过 base58 编码就能得到最终地址。

2.Merkle Tree

Merkle Tree 是数据结构中的一种树结构，也被称为二杈树或多杈树。Merkle Tree 上的叶节点存放 Hash 计算后的 hash 值，非叶节点是其对应的子节点串联的字符串的 Hash 值，它适用于区块头和 SPV 认证。

3. 比特币中的"挖矿"

比特币挖矿的工作原理，是调整难度值的设定，依然依赖于哈希算法。一个被命名为"Nonce"的随机字符串被添加到新区块的哈希值上，再次运行哈希算法，然后检验其是否低于已设定的难度值水平。

若是低，则产生的新区块会被添加至链上，"矿工"会得到奖励。若是高，则"矿工"继续修改随机字符串"Nonce"，直到低于难度值水平的值出现。

4. 布隆过滤器

布隆过滤器，主要是基于 Hash 函数实现快速查找，它解决了客户端检索的问题。布隆过滤器可以快速判断出某检索值一定不存在于某个指定的集合，从而可以过滤掉大量无关数据，减少客户端不必要的下载量。

哈希算法更广泛的应用场景

哈希算法因其安全性使得应用场景非常广泛，下面我们来具体看一下。

第一种是应用在错误校正方面。

当数据在传输时很可能会发生错误，应用哈希函数，可以很直观地检测出来。例如，数据传送方和接收方都会将数据应用到哈希函数中，若是双方算出来的结果不一致，就表明数据在传输过程中某个环节出现了错误。

第二种是应用在信息安全方面，比如文件校验和数字签名。

文件校验：在文件校验中，经常会用到的算法是奇偶校验和 CRC 校验，用来检测并纠正数据传输中的信道误码。但是，这两种校验算法无法防止数据被恶意破坏。当下，应用最广泛的文件完整性校验算法就是 MD5 Hash 算法，它的"数字指纹"特性，不仅可以检测并纠正数据传输中的信道误码，而且数据的安全性也大大提高。

数字签名：哈希算法在现代密码体系中，占据着重要的位置。在数字签名协议中，哈希函数扮演着重要的角色。应用哈希值进行数字签名，与对文件本身进行数字签名具有等同的作用。同时，这样的协议还具有其他的优点。

哈希算法在数据存储和检索方面的应用

当你想要在《新华字典》中查找一个字，比如"王"字时，你会怎么做？最原始的方法就是一页一页地去翻开对比，直到找到记载"王"字的那页。这样做，工作量大，效率非常低。

为了达到快速查找的目的，字典设计人员设计了目录，可以根据偏旁或者拼音，查看"王"在哪一页，然后直接翻到那一页，查看信息即可。

运用到算法上，通过偏旁或者拼音查找的过程就是哈希算法，和"王"字对应的页数 268 就是哈希值。算法过程如下：

h=H(M)=H（"王"）=268

如果输入"汪"，h= H（"汪"）=286，算法就会发生碰撞。

拓　展
知识点

常见的哈希算法

不能不提到一些著名的哈希算法，MD5 和 SHA-1 可以说是应用最广泛的哈希算法，而它们都是以 MD4 为基础设计的。

1.MD4 算法

MD4 算法是在 1990 年由 Ronald L. Rivest 设计的，MD 就是 Message Digest（消息摘要）的缩写。MD4 算法，比较适合在 32 位处理器上用高速软件实现。

2.MD5 算法

MD5 算法是在 1991 年由 Rivest 基于 MD4 算法改进的版本。它对输入数据依然会进行 512 位分组，输出则是 4 个 32 位字的级联，这一点与 MD4 算法相同。相对于 MD4 算法，MD5 算法比较复杂，而且速度要慢一些，但是它更安全。

3.SHA-1 算法

SHA-1 算法是由 NIST NSA 设计出来与 DSA 一起使用的，它的输入长度小于 2^{64}，而且会固定产生 160bit 长的散列值。因此，SHA-1 的抗穷举性更好，它的设计原理与 MD4 算法相同。

除此之外，SHA-2、SHA-3 等算法也比较流行，而且，在后来的发展中，人们证实 MD5、SHA-1 算法并不具备强碰撞阻力，安全性比较低，已经不再推荐使用。

2

什么是区块链的点对点传输

区块链的实现，需要应用点对点传输技术。

那么，什么是点对点传输技术呢？

常见的点对点传输类型有哪些？

点对点传输技术如何应用到区块链中呢？

什么是点对点技术?

点对点技术（Peer-to-Peer），简称为 P2P，又称为对等互联网络技术，是一种新型的网络技术。点对点技术，主要依赖网络中参与者的计算能力和带宽，并不仅仅局限在几台服务器上。

点对点技术是通过多节点复制数据，同时增加了防故障的可靠性。在纯 P2P 网络中，通常是通过 Ad Hoc 连接来连接节点，并不需要依靠一个中心索引服务器来发送数据。

从字面上理解，点对点技术就是首先要存在两个节点或载体，比如有节点 A 和节点 B，A 和 B 之间可以直接进行通信，并没有第三方参与，如图 2-4 所示。

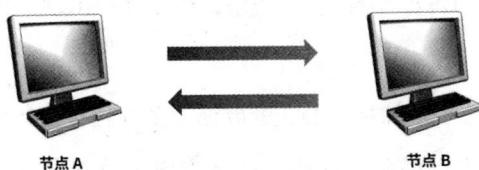

节点A　　　　　　　　　节点B

图 2-4　点对点技术

在区块链中，点对点传输的节点都是平等的，并没有客户端和服务器的概念，每个节点之间都会进行交易。但是，这很容易让人们产生误解，认为区块链中的点对点传输就是两个点之间进行交易。

实际上，区块链系统中的交易进行是通过共识节点，或成为"记账者"来进行的。任意两个节点进行的交易成功后，所有的节点都会记录这个交易。即使其中的某个阶段出现问题，也不会影响交易结果。

点对点传输结构的四个类型

点对点传输结构，一般分为四个类型：星形、树形、环形和网状形。

星形：每一个节点与中心节点相连，相邻的节点之间通信都需要通过中心节点。这种结构的点对点传输，主要是应用于分级的主从式网络，采用集中控制，中心节点是控制中心。但是这种类型的传输结构，一旦中心节点设备出现故障，这个系统都会瘫痪。

树形：有多个计算中心，也被称为多处理中心集中式网络。但是，这种类型的传输结构，信息流通主要是在终端和连接的计算机之间，还有树形外观结构上下的计算机中心之间。树形点对点传输结构，多应用于各种统计管理系统，连接线路比较简单，管理软件也不复杂。

环形：网络中的信息流是定向的，节点之间可以互相进行信息传输，多应用于一个范围较小的网络。这种结构的点对点传输，管理非常简单，不适用于大信息流量的网络。

网状形：网状形的传输结构，任意两个节点都可以进行信息传递。而且某一节点发生故障时，并不会影响整个网络的正常工作。网状形结构具有比价高和可靠的传输效率，可以应用于区块链中。

区块链中点对点传输的应用

点对点传输技术，在区块链中的应用非常广泛，例如区块链问世时的比特币，就是一种经典的 P2P 展现形式。与传统货币不同，比特币不是依靠传统的货币机构发行，而是经过特定算法大量计算出来的，然后使用整个 P2P 网络来确认，并记录所有的交易行为。在流通的过程中，密码的设计，确保了整个环节的安全性，如图 2-5 所示。

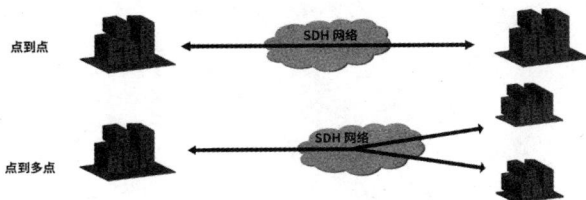

图 2-5　点对点传输技术

区块链中，点对点传输技术可以实现系统不设置中间的监管环节，交易不需要通过层层审核。既节省了成本，又提高了效率，在快速完成交易支付的同时，保障了数据安全。就如比特币的交易，只要用户知道另一用户的地址，就可以直接进行支付，而不需要经过中心机构的审核。

拓展知识点

点对点传输的其他应用

点对点传输技术的应用有很多，包括共享各种音频、视频、数据等，还可以传送即时数据等。例如，Napster，OpenNAP 和 IRC@find，都是使用了主从式架构结构，即搜索功能来处理任务，同时也运用了 P2P 技术。Gnutella 和 Freenet 则都是使用 P2P 结构来处理任务，有时候也被认为就是 P2P 网络。

3

区块链如何做到数据共享

区块链上的数据是共享的，任何人都可以下载数据，且具有很高的安全性。

那么，区块链是如何实现数据共享的？

在这个过程中，区块链的作用是什么？

被中央服务器控制的数据

在以往，互联网数据是被网站运营方拥有的中央服务器控制的。例如，当用户 A 想利用支付宝转账给用户 B 时，经历的过程是这样的：用户 A →支付宝→用户 B。支付宝充当用户 A 和用户 B 的信任平台。

当数据掌握在网站运营方手中时，他们可能随意地编辑和处理数据。即使掌握数据的一方需要在法律和协议的规定下进行数据修改，但是对个人用户而言，他很难享有数据的完全控制权。

由规则来控制数据权限

区块链通过技术层面的规则体系，规范了数据的写入行为，只要你是参与者，就享有同等的权限。

例如，苏宁金融上线的区块链黑名单共享平台便制定了很多的规则，如本机构数据只有本机构有权限修改，机构做了规则外的操作会被视为无效交易，没有积分不得查询数据等。

也就是说，在区块链中，数据不会被任何机构或组织掌握，而是由规则来控制权限。

区块链的规则是怎么形成的？一般是预先定义的，在开发区块链时，直接加入区块链网络的参与者必须遵守规则。由规则来规定什么样的信息是有效的，同时规定了参与者是如何进行反馈的。

规则由参与者共同维护

在互联网环境内，虽然也存在着一些规则，但是由于规则完全是由权力方来维护的，难以避免出现暗箱操作等行为。而在区块链体系内，规则是由所有参与者共同维护的，各参与方都会根据规则来独立地验证数据。

在这一过程中，我们并不能假设所有参与者都能完全依照规则，因此，每个参与者都会独立地验证接收到的数据，并判断其是否违反规则。如果核实数据是有效的，那么参与者就会接受这份数据，并将其转发给其他人，否则，就会直接拒绝。

数据共享后，每个参与者都可以记录所有交易数据。但并不是说参与者就可以随便写入数据，只有经过相关参与者同意后，新数据才会被视为有效数据，并加入到最终的区块链共享账本中。这就避免了一些参与者因自身利益而忽视某些规则，修改或构建一些无效的数据。

根据区块链的构造方式，数据的确认方式有较大的区别，比如，在公有链中，需要大部分参与者都同意数据的有效性，而在联盟链或私有链中，只需要少数参与者同意即可。

在这种方式下，参与者自身就是管理者，这就是区块链去中心化最为核心的表现形式：没有机构高人一等，具有完全的数据的控制权限。

区块链在数据共享中的作用

区块链在数据共享中起到了三个作用：激励与价值认可、安全与责任认定和与同态加密、属性密码等结合。下面，我们来具体看一下。

1. 激励与价值认可

在区块链中加入智能合约，可以对数据的质量和价值进行激励与评估，还有单位的类别和人员的类别。对于智能合约和激励，我们不能泛泛而谈，应该根据不同的场景研究不同的方法。

2. 安全与责任认定

这一点，是利用区块链来建立数据目录和属性等，从而实现访问控制、安全互信、责任认定等。

3. 与同态加密、属性密码等结合

使用同态加密模型，可以更好地保护隐私不受数据处理者自身的影响。其中，不仅包含了访问系统的外部用户，还有系统里的用户，都无法查看正在处理的隐私信息，只能看到最终结果。

属性密码可以为系统提供更加灵活的操作关系。比如，在属性加密机制中，密文可以根据加密的内容和接收者的特征信息来制作，只有满足属性加密的用户才能接收密钥，进行解密。

在区块链中使用同态加密和属性密码，需要结合具体的服务对象和数据交易的实际情况，更好地确保交易信息的隐私性和安全性。

4

为什么区块链可以做到不可篡改

一个区块链中，拥有大量的数据，但是没有人可以对数据进行篡改。

那么，区块链中不可篡改的是什么？

它是如何做到不可篡改的？

数据不可篡改包括哪几个方面

区块链的数据是不可篡改的，具体表现在下面几个方面：

1. 交易不可被篡改

区块链上每完成一笔交易，都会被发送到节点上，节点会验证这个交易的签名。当签名不对时，数据就会被丢弃。基于密码的规则，只有持有私钥的人才可以修改这笔交易，其他人无法修改。在比特币中，是利用椭圆曲线算法来对交易进行签名。交易不可篡改，修改任何一个交易都会导致区块体的变化。

2. 区块体不可被篡改

区块体中是一笔一笔的交易，而这些交易是通过梅克尔树组织起来的。如果修改其中的任意一笔交易，都会引起梅克尔树根哈希值的变化。在这个问题中，一般是运用哈希函数解决，例如比特币中使用的就是 SHA-256 算法。区块链中，任意一个区块体变化，将会导致区块头随之变化。

3. 区块头不可被篡改

前面讲到，交易活动区块体不可被篡改，是由不可解的数学难题来保证的。而区块头不可被篡改，则是由算力保证的，即是"矿工"需要做的事情。所有的"矿工"都会计算区块头的哈希值，而计算出来的哈希值前面会有 n 个 0。如果区块头的信息不变，得出来的哈希值也都是一样的。区块头中，包含了一个 Nonce（随机数值），"挖矿"就是"矿工"通过修改 nonce 来找到满足要求的哈希值。

在比特币的世界中，所有的"矿工"计算十分钟才能找到一个满足要求的 Nonce。所以，单凭一个人的能力，是无法去修改任何一个区块的。

当"矿工"计算出 Nonce 值后，就会将这个区块广播给其他节点，让这些节点对数值进行验证，验证通过后，就会停止此区块的"挖矿"，并通知其他节点，开始争夺下一个区块的记账权。如果区块头发生变化，将会导致整个区块链发生变化。

4.区块链不可被篡改

根据前面三步，我们可以得知，如果有一个人修改了区块中的任意一笔交易，就是导致梅克尔树的根哈希值发生变化，进而导致区块头发生变化，得到的 Nonce 就会不合法，"挖矿"会重新进行。

如果某个组织拥有大量的计算机和强大的算力，重新挖出了一个新的随机数 Nonce。若是新的 Nonce 被验证通过，则会导致此区块头的哈希值发生变化，而记录了父区块头哈希值的子区块的区块头同样也会发生变化。最后，使得新得到的随机数 Nonce 变得不合法，需要重新"挖矿"。

区块链上，任何的修改都会造成数据坍塌，使得"挖矿"

重新进行。在比特币中，如果一笔交易后添加了 6 个区块，那么这笔交易可以认为，将永远不可能被修改。

区块链的不可被篡改是如何实现的？简单说靠的就是算法：SHA-256、数字摘要、梅克尔树。下面我们具体来看：

SHA-256 算法

SHA-256 算法是一种国际公认的优秀加密算法，输入任意长度的数据，输出总是 256 位的值，即哈希值。输入的数据，即使产生很细微的变化，也会导致产生不同的输出。

假设，"256 位的哈希值大小"代表着你与某样东西之间的距离。在哈希值不变的情况下，你与这个东西的距离是固定的。当你修改了一点儿交易数据后，新生成的哈希值距离可能会变成地球和火星那么远。

数字摘要

数字摘要，可以避免数据被篡改。我们可以举一个简单的例子：

用户 A 要给用户 B 传输一个文件，为了避免有人在文件中加入木马，A 对文件进行了数字摘要的获取，然后再单独把摘要传给 B，这个摘要就是哈希值。当 B 拿到文件后，同样会对文件进行与 A 同样算法的哈希运算。若是最后得到的哈希值与 A 的相同，则证明文件没有问题，可以被打开。若情况相反，则证明文件被篡改了。

数字摘要在区块链中有着广泛的应用，比如比特币、ULORD 等。在 ULORD 中，就是把具有版权的数字化作品进行数字签名后，将签名存储在公有链上。既可以防止数据被篡改，又可以加强对版权的控制。

在比特币中，主要是通过数字签名来加密。数字签名，就是对信息的数字摘要进行了非对称加密。

当用户要转账时，需要将交易信息和一串数字签名一起传递给"矿工"。"矿工"根据数字签名对交易信息进行检验，若是结果一致，则证明信息正确，交易可正常进行。若信息不一致，则交易被驳回。这样，可以有效地防止交易信息被篡改。

梅克尔树

梅克尔树是一种树状数据结构，每个节点都会对应一个哈希值。

梅克尔树就是所有个体交易通过哈希算法都能向上追溯至同一个根，从而让搜索变得非常容易。将区块链的整体数据分割开，分别储存在每一个树权上。因此，如果想要在区块里获取某一特定的数据，可以直接通过梅克尔树里的哈希值来进行搜索，而不用进行线性访问，如图2-6所示。

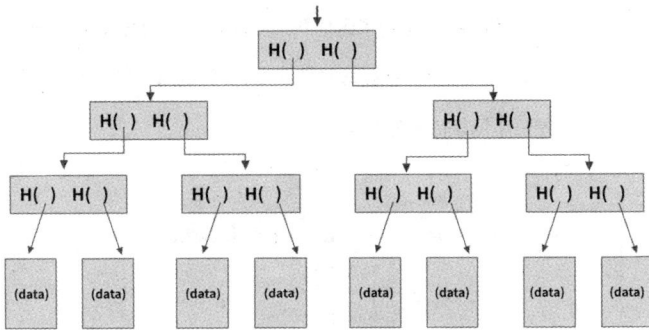

图2-6　梅克尔树

梅克尔树上，最低层的节点是每笔交易的哈希值，第二层的每个节点则是它下方的两个哈希值拼接后经过SHA-256算法后生成的新的哈希值，以此类推直到最顶端只剩下一个节点。这个节点，就是梅克尔根。每个区块都会有自己的梅克尔根(Merkle Root)。区块链中包含很多笔交易，如果将这些交易按线性存储，那整个交易过程会变得非常冗长。但是，运用梅克尔树，可以让整个交易过程变得更加简单。

区块链中，任何一个数据经过微小的改动后，都会影响到梅克尔树上第二级的哈希值，进而顺着梅克尔树一级一级传递，最终影响到梅克尔根。

区块的组成

　　文中我们提到了区块头、区块体等，这里就来说一下区块的组成。一个区块前后分别连接了父区块和子区块，下图 2-7 是一个区块的整体结构。

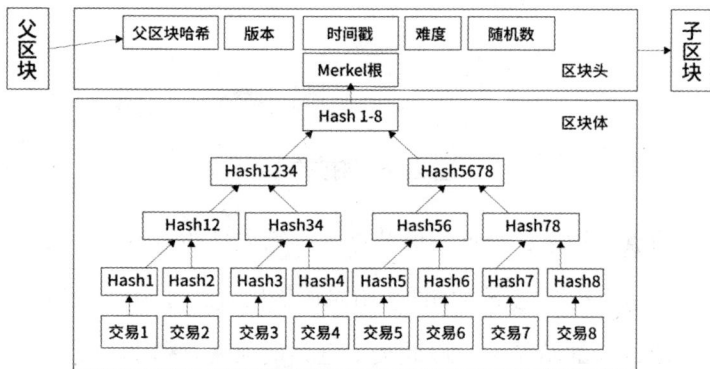

图 2-7　区块的组成

　　每个区块根据职能可划分为两个部分，区块头（Block Header）和区块体（Block Body）。

　　如果把区块比作一个人，很像大白的样子，头小身大。每个区块的大小被规定不能超过 1M，区块头大小是 80 个字节，如图 2-8。假设一个区块内储存有 400 笔交易信息，区块体可能是区块头的 1000 倍以上。

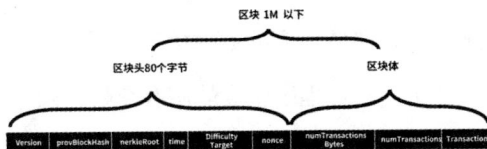

图2-8 区块内储存

区块头虽然比区块主体小，但区块头是脑袋，大部分功能都是由区块头实现。区块头内含的数据有：版本号（Version）、前一区块哈希值、梅克尔根、时间戳、难度值、随机数，如表2-1所示。

表2-1

数据项	目的	大小
版本号（Version）	用来标识交易版本和所参照的规则	4
前一区块哈希值	也称"父区块哈希值"，通过对前一个区块的区块头数据进行哈希计算（SH-A-256算法）得出，作为这个区块独一无二的标志。它的意义在于：每个新挖出的区块都按秩序连接在前一个区块的后面	32
梅克尔根（Merkle Root）	在比特币网络中，梅克尔树被用来归纳一个区块中的所有交易。它能快速检验交易数据的完整性，即数据是否被篡改过	32
时间戳（Time）	该区块产生的时间	4
难度值（Target_bits）	挖出该区块的难度目标	4
随机数（Nonce）	用于工作量证明算法的计数器	4

我们再来看看区块体包含的数据信息，区块体包括当前区块经过验证的、区块创建过程中生成的所有交易记录。下图 2-9 就是一个区块体的结构图。

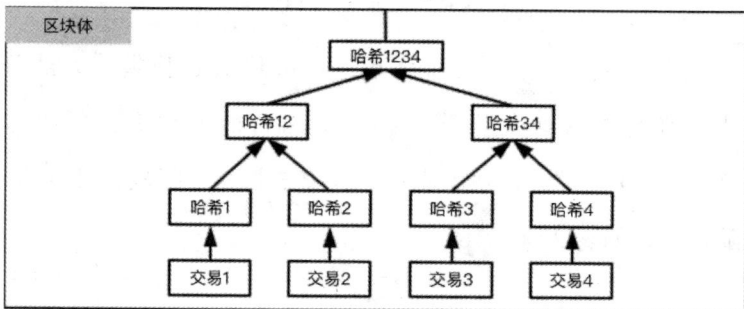

图 2-9　区块体结构图

区块的内部结构分析完了，你是否想过区块为什么要设计成这个样子吗？或者说设计成这个样子有什么好处？

我们知道，区块链是一个分布式网络，数据存储在各个节点上。但是系统中总的数据加起来非常大，并不是一个普通的终端能够承受的。这时，区块的结构就显出其优越性了，区块链系统中很多节点只是用来验证交易的，所以只需要下载区块头，而不需要下载包含在每个区块中的交易信息就能完成交易验证。前面说了，区块头可能只有区块体的千分之一，这就大大节约了终端的使用空间。

5

看懂区块链的分布式存储

有一个未来科学家曾提出："未来世界的趋势是分布式将代替去中心化，即一个机器蜘蛛的六条腿会配置分布式的计算引擎，没有中心化的大脑，六条腿之间可以协调自如。"现在这一想法已经在区块链中实现。

那么，什么是分布式网络？

分布式网络有什么样的特点？

为什么说分布式存储具有统一性？

把传统的存储方式称为集中式存储，其含义就是指集中所有的数据都放在同一个地方。例如，现在很多人都喜欢用微信来进行社交，微信上所有的聊天记录，都会保存在一个特定的服务器上。这也是当下互联网比较主流的存储方式。但是，随着存储数据的增加，存储服务器越来越多，所有数据同时存储的压力也越来越大。现在不仅存储的成本在不断增高，而且传统的存储方式也存在着很大的安全隐患。一旦其中的某一台大型机器出现故障，那整个系统将可能处于不可用的状态。例如，腾讯云存储器故障，导致创业公司所有数据丢失；阿里云存储器故障，使得多家 App 网站瘫痪等。这些都以中心化存储为主，面临着严峻的考验。

相对于传统的集中式存储存在的数据安全问题，区块链分布式存储非常好地解决了这一缺陷。区块链是一个分布式的共享账本，能够记录每一笔交易，从而会产生大量的数据。通过分布式网络，可以保证数据不会产生拥堵，也不会丢失。为了更清楚地理解这个系统，我们需要来具体剖析一下。

分布式存储系统

传统的互联网，是以中央控制器为主，将设备连接在一起，通过中央控制器来控制其他设备，不能满足大规模的储存应用需要。而分布式存储系统则是将数据分散储存在多台独立的设备上，采用可扩展的系统结构，以此来分担储存服务器的存储负荷，利用位置服务器定位存储信息。

分布式存储系统的应用，就是为了简化用户端的使用，利用分布式缓存系统来提供更多的访问接口和本地数据缓存，以降低网络压力，如图2-10所示。

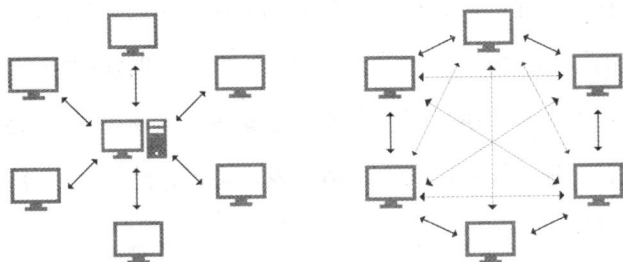

图2-10 中心式、分布式储存架构

分布式存储，简单而言就是一种数据存储技术，通过网络可以使用每台机器上的磁盘空间，将每个分散的存储资源链接成一个虚拟的存储设备，让数据分散存储在网络中的每个角落。例如，我们常说的"鸡蛋不要放在一个篮子里"，你拥有100个鸡蛋，为了保证其安全，将其分别以"十"为单位，放进10个篮子里。但是，这些鸡蛋的总和依然是100个。

分布式存储技术同样是如此，并不是每个设备都储存完成的数据，而且将总数据分割开，存储到不同的设备上。这些设备通过网络连接到一起，数据依然是完整的。

分布式储存系统通常可以分成两种结构：非结构化的网络和结构化的网络。

非结构化的网络，可以看成是一个没有分区的集市，整个网络系统就像一大块空地，所有的摊主都可以随意在一块地方摆摊。在非结构化的分布式网络中，所有节点用户是随机地互相连接在一起的，这也是非结构化的分布式网络搭建起来比较容易的原因。但是，非结构化的网络有一个明显的缺点，就是其随机性太高。所以，一个节点想要在这里面找到自己要的东西比较麻烦，需要向很多个节点发送请求，然后等到合适的节点的回复。

这就像，你到一个非常大的、没有分区的集市上买鸡蛋，需要在集市上不断寻找和询问，直到得到回应——"我这有鸡蛋卖"为止。

结构化的分布式网络，则可以看成是一个分区的集市，所有类别都分好了，比如有蔬菜区、海鲜区、肉食区、水果区、粮油区等。结构化的分布式网络也是如此，通过特定的网络结构连在一起，一目了然，节点可以比较高效地找到需要的东西。目前分布式存储系统已经在全球范围内得到广泛认可，相比传统存储系统，其应用优势明显：

1. 可扩展性

分布式储存系统，在理论上是可以无限加入用户的，它并不存在中心处理器数据爆炸的后果。我们可以将其想象成一个拥有无限空间的市场，只要有人想要进来做生意，就可以找得到摊位。在一开始，可能只有一小部分人在里面做生意，随着来购买产品的用户越来越多，商家也会越来越多，市场完全可以容纳，这就是可扩展性。

2. 健壮性

分布式储存系统中用户是分散的，因此一部分用户遭到破坏对其他部分的影响不大。例如集市中一个卖豆腐的出了问题，不会影响旁边卖牛肉的生意。有的用户失效时，这个系统也能自动进行调适，它也允许用户自由加入或离开，就像集市的摊位，你可以选择摆摊或不摆摊，你如果不摆，自然就会有别人来摆，所以它是比较健壮的。

3. 高性价比

分布式储存系统可以有很好的优势。因为这些用户是呈分布状态的，那网络中的计算任务和资料存储就可以分布到这些用户的电脑上。充分利用它们闲置的计算和存储能力，性能也就变得更优了。

4. 隐私保护

在非分布式储存系统中，要匿名与系统通信，都要依靠一些中间的服务器来进行。而在分布式储存系统中，所有用户的电脑都变成了这种服务器，也就大大提高了匿名通信的灵活性和可靠性，因此也就能更好地实现隐私保护。

5.统一性

统一性，就是指很多用户组成的一个统一的整体。于用户而言，就是在同一个模型下做交易。我们不妨以集市为例，它的统一性一般表现在这些摊位的交易可大可小，卖的东西也可以不同，但是摊位的样子是一样的。所以，在大家交易之上，需要有一个集市方来打造相同的摊位模型。

6.备份与安全

分布式存储支持多个时间点快照备份，也可以同时提取多个时间点样本，进行同时恢复。这样就可以降低故障定位的难度，确保数据的安全性和可靠性。

分布式存储在架构上拥有比较高的灵活性，而且运营成本低，可以为企业用户提供更好的解决方案。

提供分布式存储的区块链系统

上文我们介绍了分布式存储系统，现在我们来介绍一下供分布式存储的区块链系统。

众所周知，区块链是通过分布式节点进行资源存储的。所有的节点都可以进行同步储存，然后通过共识技术，来保证内容节点对存储内容更改的有效性，从而得到一个完整的、可查找的数据库。

在这个系统中，所有存储的内容，都是链内生成账户之间余额的更改或总剩余。若是系统功能更完善，还可以存储多个账户对数据库中子账目的数据状态的维护。

所以，分布式存储的区块链系统，主要是用来记录状态的改变，然后同步。对于节点而言，只要是共识算法，如 PoW、PoS 和 PoX 等，其核心要点都是遵循特定的投票规则，将新的变动同步在所有节点的存储中。

区块链系统是不支持用户个人数据的。区块链上的账户数据以及结算数据，都是完全相同地存储到每一个节点。

分布式存储的区块链系统，与一般的公链的区块链系统不同，它的本质，其实是"分布式存储+特殊的区块链系统"的设计。

一个普通的区块链系统，核心逻辑是能够覆盖所有与账户相关的交易属性，例如账户（公、私钥）、账户转账（签名系统和共识系统）以及条件状态下的转账（操作码和其对应的编码方式）。

一个提供数据存储的区块链系统除了包含上面三个属性外，还可以提供存储属性，确保在未来存储状态也可以对条件进行制约。在操作码上添加进行判断的逻辑后，就可以保证存储产生的状态、数据支持的状态都可以在链上得到追溯。

事实上，分布式存储的区块链系统和一般公链系统最大的不同，主要是体现在"状态"上，即记录某些状态并做出账户上的反馈。

分布式储存系统是怎么储存文件的

分布式储存系统，其实是将一个完整的文件分割成 N 片，然后将这些加密数据切片存储到各个不同的硬盘上，每个硬盘只需要保存文件的一小部分就可以了。当保存后，这些切片文件的存储信息会被记录到区块链上，保证区块链信息不被篡改的特性。

在存储程序上，区块链分布式存储看似比传统的存储方式更麻烦，但是并不会体现在用户体验上，用户只需要上传和下载即可完成对于数据存储的程序。

玩转分布式存储系统需要解决的三个问题

设计分布式存储系统，需要解决三个问题：文件如何安全放入、文件如何安全存储和文件如何不被存储提供方"偷走"。

1. 文件如何安全放入

上传数据前，我们需要先进行加密和分割，然后以分布式存储的方式上传到提供方的空间内。其中，相关的存储心跳检测可以保证在用户需要数据的时候可以完整地取回。整个过程，所有的用户数据都已经在本地进行了加密，不会出现数据被偷窥的安全风险和存储提供方有意或无意的风险。

2. 文件如何安全存储

根据分布式存储的冗余存储原理，一般想要保证一个资源的任意两个节点（N=2）掉线后不会影响整个系统的可用性，那么就需要维护 2N+1 个资源数。即，一份文件，需要存给 5 台服务器。

假如整个存储系统拥有 12 个节点，那么任意 5 个节点掉线是不影响可用性的。但是，如果加密后资源被不合理地配置，这个时候攻击节点，可以阻止文件安全召回。所以，需要设计分布式的存储系统，来保障安全的存储。

3. 文件如何不被存储提供方"偷走"

首先，数据会在本地被进行加密，存储方是无法看到用户数据的。其次，在冗余存储部分，存储方提供的通信目录中不包含所有的文件碎片存储方，从而防止了共谋的可能性。

解决了这三个问题后，我们就能够得到一个安全的分布式存储系统来进行分布式存储服务了。在整个过程中，设计一个合理的分布式存储可取回的校验方式是当前面临的最大挑战。因为，这个校验方式，不仅要求通过问询达到返回结果的过程具有可靠性，还需要通过特殊方式来预防重放攻击试探以及攻击，以此提高存储系统的可用性。

什么是区块链分布式云储存

张阿姨非常喜欢摄影，但是最近她遇到了一件烦心事：张阿姨每年都去国外旅游，拍摄很多照片作为纪念，并将这些照片和朋友分享。一般，她会将照片放到电脑硬盘里，不允许任何人动，以免把照片弄丢。

不幸的是，有一天张阿姨打开电脑发现照片打不开了，她将电脑拿到维修店后，维修师傅说是硬盘坏了，照片可能无法恢复。几天后，张阿姨接到维修师傅的电话，说硬盘数据已经丢失，照片无法恢复。

遇到这种事情，无疑是让人非常恼火的。那么，有没有一种办法能够解决张阿姨的问题，实现信息安全、永久存储呢？

答案是肯定的，那就是区块链分布式云存储。

什么是区块链分布式云存储？

简单而言，就是以区块链的组成模式来存储，碎片化分散存储。当信息存储在区块上后，每一个区块都会记录前一个区块的 id，形成一个链条，且不可逆不可更改。

分布式云存储，可以不断地转运数据且碎片化，所有人都可以访问公开的区块链数据，并且可以通过交易来写入。它的运行成本低，人人可以记账，避免了第三方的暗箱操作。

若是这项技术普及，那电脑可能就不需要硬盘了。电脑可以直接通过网络抓取区块写入，当我们需要的时候，通过私钥来下载。而且，私钥只会保留在自己的手中，更具有安全性。

基于区块链的分布式云存储有四个特点：

1. 实现碎片资源的可利用

每个人都可以分享自己的硬盘空间，并且获得金钱回报。这个回报，是租户直接支付，但是提供服务的平台会收取微薄的服务费。

2. 大众广泛参与

所有人都可以访问公共区块链上的数据，每一笔交易记录都会被写入区块链。所有参与者都可以通过密码技术以及内建的经济激励维护数据库的安全。

3. 高效、低成本运行

区块链技术具有公开、透明、开源的优点，它不需要通过任何的机构或组织，用户可以随时随地上传、下载所需要的信息，可以去中心化，因此更加高效和节省成本。

4. 较高的安全性

传统的云存储需要购买或租用服务器来存储客户文件，然后使用 RAID 方案保护数据的安全性。但是，这个过程是中心化的，只要破坏了服务器，所有的数据都会丢失。而区块链云存储则是去中心化，让所有的数据都存在于一个分布式、虚拟和分散的网络中，不需要依靠硬件的维护来保证存储的可靠性。

6

区块链扩容是什么，如何实现

对于区块链是否要扩容，一直存在争议。但最后的发展方向，就是不断地扩容区块链。

为什么要扩容区块链？

区块链的链上扩容方法是什么？

区块链的链下扩容方法是什么？

扩容的含义

扩容，就是指原本承载物体的容器的容量太小，需要扩大体积来满足日益增长的需求，缓解当前容器所承受的压力。

区块链诞生之初，是以比特币的形式存在的。中本聪并没有限制区块的大小，区块最大可以达到32MB，即平均每个区块大小为1～2KB。

然后，有人提出，区块链大小的上限太高，很容易造成计算机资源的浪费，并且受到DDOS的攻击，具有安全隐患。中本聪听了建议后，认为很有道理，于是决定将区块大小限定在1MB，以此来保证比特币系统的安全与稳定。

初期，比特币的用户很少，产生的交易量也不多，1MB大小的区块完全可以满足交易需求。但是，随着比特币的价格直线上升，越来越多的用户参与"挖矿"和交易，比特币区块链上交易峰值最高达到几十万笔积压。

2010年9月，比特币区块的处理速度达到每秒7笔的交易。原定的区块大小，明显已经无法满足用户的需求。比特币社区纷纷开始探索"扩容"问题，既提高主网性能，又不会影响用户的体验。

区块链扩容分为链上扩容和链下扩容，两种扩容方式都是通过改变目标来实现扩容目的的。

链上扩容

链上扩容，其实就是直接增加区块的大小。例如，我们可以将区块看作是一节节火车车厢。原定的每节车厢可容纳的旅客是 30 人，随着旅客越来越多，火车站为了缓解出行压力，将车厢扩大到可容纳 50 人。这样，火车就可以在特定的时间内运送更多的乘客，减少车站的压力。

区块链的链上扩容，也是同样的原理。链上扩容是直接改变区块链的主链系统，修改主链系统的基础规则、区块大小、共识机制等，以此来扩大区块链的容量。

实现链上扩容的方式有两种：隔离见证和分片技术。

（1）隔离见证

隔离见证是区块链扩容的协议之一，是比特币系统的一次重要的升级，它改变了比特币的共识规则和网络协议。

比特币的交易数据主要包含两部分：一部分是交易状态，另一部分是见证数据，就是证明交易是否是真实合法的。

隔离见证是将"见证数据"部分从基本结构中拿出来，放在一个新的结构中，但是依然属于主结构，并不会破坏数据的完整性。我们可以来举一个简单的例子：

假设你有 10 本书，将其以平铺的方式放在桌子上，那可能 10 本书放完，桌子就被铺满了。但是，如果你在桌子上划出一个独立的空间，横着或叠加放这 10 本书，那桌子将会有更多的空间存放其他的东西。

隔离见证，简单而言，就是通过改变区块的数据结构来释放区块容量。

（2）分片技术

分片技术主要应用于以太坊上，是将数据库分成若干个片段，并且将这些片段放置在不同的服务器上，以此来增加区块空间。分片，其实就是"分组"的意思。例如：

一个仓库中存放了很多种的货物，但只有一个出口，这样提、存货物的效率会变得很低。若是将这些货物根据类别分建 10 小仓库，每个小仓库只放一种货物，且拥有独立的出口，这样，同时提、存货物的效率就会提高 10 倍。

分片技术就是将区块链上的交易分隔成多个碎片，并且放在不同的服务器上。这样，当产生一笔交易时，就不需要所有的节点去处理验证，只需要这笔交易存在的分服务器上的节点处理验证即可。而且，分成的碎片越多，同时处理和验证的交易也会越多。

分片技术，简单而言，就是通过对数据分组，来提高处理交易的效率。

链下扩容

链下扩容，是指不去改动区块链系统，就可以实现提升交易速度的目的。链下扩容的交易都是在链下进行处理的，不需要经过区块链系统。

链下扩容的主要方式有两种：闪电网络和雷电网络。二者的运行原理很相似，只是应用对象不同。

(1) 闪电网络

闪电网络，是针对比特币的交易速度过慢提出的一种链下扩容方法。通过在系统中引入支付通道手段（智能合约）去实现比特币快速转账。例如，用户 A 想要与用户 B 进行交易，这个交易并不是直接通过比特币系统，而是用户 A 和用户 B 在链下拟定了一个智能合约，用户 A 转账后，用户 B 就会进行交易。

其实，闪电网络引入的支付通道，就是在比特币系统主网之外，又构建了一个点对点网络，一些小额交易都可以在这个支付通道中进行。这样，不仅可以省去了链上交易的大量手续费，而且还不会占据区块内存、增加区块链的运行压力。

当然，支付通道的运行需要信任背书，毕竟用户之间是陌生人，没有信任基础。因此，闪电网络的运行原理就是：用户

A 和用户 B 之间想要建立支付通道，必须先抵押一部分资产。当支付通道建立后，按照事先约定的方式，将自己资金池的所有权进行承诺转让。这样，一方按照合约交易后，即使另一方想要毁约，支付通道也会强制对方完成交易。若是两人之间需要频繁交易，那支付状态会一直开启，直到二人决定结束交易，结算清楚后，这笔交易才被记录到主链上。

简单理解，闪电网络并不是每一次的交易都需要去主区块链主网络进行验证，而是交易彻底结束后，才需要去验证记录。这就大大提升了交易速度，实现了闪电般的处理速度。

(2) 雷电网络

雷电网络，主要是针对以太坊的交易速度慢提出的链下扩容方式。它的运行原理与闪电网络类似，都需要建立链下支付通道，同样需要抵押一部分资产生成余额证明。

当用户 A 和用户 B 的余额都富裕的情况下，双方可以链下进行无限制次数的交易。只有交易彻底结束后，才会在以太坊主链上验证记录。

拓　展
知 识 点

从 1MB 到 2GB 的发展

区块链扩容的发展，经历了 3 个重要阶段：1MB、32MB和 2GB。

1MB：这是在区块链诞生阶段，由中本聪临时决定限制的，本节开头讲过。32MB：2018 年 8 月 1 日，Bitcoin 的硬分叉产生了上限为 8 MB 的"太子"（BCH）。后来，Bitcoin Cash 团队再次升级了系统，区块上限提高到 32MB。

　　2GB：由于对 32MB 的区块大小限制并不满意，以"澳本聪"Craig Wright 为代表的 Bitcoin SV 团队，在 2018 年 11 月 5 月再次进行了硬分叉，将 Bitcoin SV 区块的上线提升为 128MB。接着，2019 年 7 月再次升级为 2GB。这是迄今为止，最大的区块限制最大的一次升级，可以同时处理更多笔交易，而不会产生拥堵现象。

7

区块链的共识机制的作用

区块链是一种公共数据库，没有中央记账机构，是凭借共识机制完成交易的。

那么，用户是怎么达成共识的？

共识算法具体有哪几种呢？

我们不妨来举一个例子：

小明、小红、小方和小张四个人想要找同一个时间去做一件事情，这个时间必须是彼此的空闲时间。每个人提出其可用时间（空白格），如图2-11所示，发现下午两点和六点是两个共同可用的时间段。于是，其中一个人提出了一个特定规则：每个人必须选择最晚的共同可用时间。在规则下，他们将会在下午六点见面，彼此之间达成了共识。

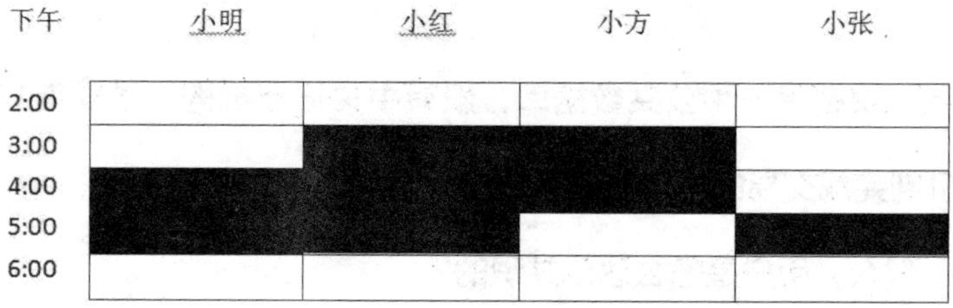

图2-11 共识机制

区块链中的共识机制也是如此达成的，有用户率先挖矿成功，于是他便可以提出一个区块，其他用户只需要验证和接受即可。当所有用户都验证通过，即全网的用户达成了某种共识，交易完成。一般过程是这样的：用户A提议→全网用户（节点）验证→达成共识→交易完成。

区块链上支持所有的共识算法，不同的共识算法需要采用不同的方法来提议区块，从而对区块达成共识。那么，共识算法有哪几种呢？

现在,我们常说的共识算法有三种:工作量证明机制(POW)、股权证明机制（POS）和授权股权证明机制（DPOS）。

工作量证明机制（POW）

工作量证明机制，全称为 Proof of Work，简称为 POW。它其实就是一份工作量证明，证明你已经完成了多少工作，主要应用在比特币中。

在比特币系统中，"矿工"是"按劳取酬"的，贡献的工作量（算力）越多，获得的酬劳（比特币）越多。例如，比特币整个网络工作量为100%，你的工作量占有30%，那你就会获得30%的酬劳。

优点：每次交易都能被快速验证，系统承担了大量的节点，导致用户不能私自篡改交易记录，从而自觉遵守规则。

缺点：需要比较长的周期去达成共识，且要消耗大量的算法。

股权证明机制（POS）

股权证明算法，全称为 Proof of Stake，简称为 POS。这个机制是基于补全 POW 机制的缺点提出的，它不是单纯通过比拼算力进行"挖矿"的，更节约算法和电力。POS 机制一开始是应用在点点币上的。

在 POS 机制中，引入了币龄的概念。即用户的记账权是由用户的持币多少、时间和算力三个因素决定的。

就像你在银行中存入一笔钱，一段时间后，可以获取一定的收益。在区块链中，当你拥有 100 个点点币，拥有了 30 天，现在的币龄就是 100×30=3000。币龄越大，用户越能优先获得记账权。一般币龄的周期为 30 天，一个周期后，币龄将会被清零。

优点：运算速度加快，减少了 POW 机制的资源浪费，避免了被大机构控制的可能，降低了系统运行的风险。

缺点：通过账户余额来结算，导致富者越富的现象产生，从而使得权益越来越集中，失去公平性。

授权股权证明机制（DPOS）

授权股权证明机制，全称是 Delegated Proof of Stake，简称为 DPOS，是在 POS 的基础上衍生出来的。DPOS 机制并不直接参与记账，它的运行原理类似于董事会投票，每个董事将自己手中的票投给心仪的代理人，选举出若干代理人后，由代理人进行验证和记账。

DPOS 机制选择固定的节点后，在一段时间内由代理节点进行验证和记账。区块链为了激励更多的人参与竞选，会生成少量代币奖励给代理节点。注意，区块链中的全体节点有随时罢免和任命代理节点的权力，实现实时民主。

优点：因为不需要再"挖矿"，DPOS 机制的节点数量只有101 个，使得消耗的算法和电力更低。通过民主的方式决定代理节点，并且随时更换，更加去中心化。

缺点：对代币具有一定的依赖性，不能保证绝对的公平。

拓　展
知 识 点

共识机制防止"矿工"作弊

区块链共识机制的产生，是为了解决区块链中的经济问题，即通过共识机制进行验证，确定链中的权力拥有者，防止"矿工"作弊。区块链运行的过程中，每个"矿工"都会追求属于自己的利益，若是不能达成共识，整个区块链将会陷入混乱。

基于这一点，区块链衍生出了共识机制，数以万计的独立节点遵守了复杂的规则，自发地遵守协议，保证区块链能够正常运行。

8

区块链节点和安全

讨论区块链时，经常会提起"节点"一词。

那么，区块链的节点是什么？

拥有这么多节点的区块链是否安全？

区块链节点，是指区块链网络中的计算机，包含手机、矿机和服务器等。例如，比特币网络，就是一个公有链。用户使用联网电脑运营比特币程序，电脑就会成为比特币区块链网络的一个节点。只要可以联网运行比特币程序，每个人都可以成为其中的一个节点。

区块链是由无数个节点组成的，是否安全？

节点越多，分布越广，区块链网络运行越安全

区块链的节点越多，分布越广，网络运行越安全。因为节点可以维护区块链网络的完整性，其中的某个用户想要篡改数据，需要征得51%用户的同意。如果节点只有5个，那他只需要征得2个人的同意即可，这是一件很容易完成的事情。但是，如果节点有几万个，他就需要征得超过一半数量的人同意，才能修改数据。节点与节点之间都是陌生的，因此非常难以完成。而且，攻击一个只有5个节点的网络，比攻击一个有数万个节点分布在世界各地的网络要简单得多。

也就是说，区块链本质上是一个去中心化的分布式数据库，没有中央服务器，节点越多，去中心化的程度越高，网络运行也越安全和稳定。

节点可以是联机的，也可以是脱机的

在线节点可以接收、保存其他节点传输的最后区块内容，直接运行即可。若是脱机的节点，运行时需要重新联机，它首先必须通过下载本节点断开后添加到区块链的所有区块而与区块链的其余部分同步。

也就是说，在理论上，每个节点都可以保持整个区块链系统的运行。即使节点彼此之间断开了连接，只要其中一个完整区块链历史记录重新联机后，所有的节点就可以访问它的区块链历史记录，从而获得完整的数据库。

区块链中的节点可以分为两种：全节点和轻节点。那什么是全节点，什么是轻节点呢？

维护分布式账本安全的全节点

全节点就是指这个节点拥有全网所有交易数据，它可以同步区块链上的所有数据，这是一个去中心化网络所必须具备的特点。这一特点，使得即使区块链系统上的某个节点出现了问题，整个区块链系统也不会受到影响，依然能够安全运行。它具有下面几个特点：

（1）每个节点都有一个完整的副账本，交易数据公开透明，系统中的每个节点都可以看到。

（2）所有的节点是平等的，拥有的权力一样。某个节点被摧毁后，不会影响到整个系统的安全，数据也不会丢失。

（3）每个节点的账本数据完全一样，即使某一个节点篡改了数据，也没有任何意义。

在运行全节点时，需要非常严格的硬件装备，并不需要人人都参与进来。相对于没有经验的人，具有专业化的矿工运行全节点，可以获得更好的结果。如果有太多人，会给区块链网络造成很大的负担，造成资源的浪费。

轻节点对网络安全有作用吗

轻节点是指那些只记录和自己相关交易数据的节点。它对于维护网络安全性并没有太大的作用，主要应用在钱包的使用方面。轻节点不会下载任何区块的副本，也不会参与区块链数据交易和验证的过程。它的运行，主要依赖于其他全节点所提供的信息。

主节点

在区块链中，想要获得加密货币，用户除了"挖矿"和到交易平台购买外，还可以参与某些项目的主节点建设。

主节点，就是一个加密的完整节点，被称为 MasterNode，简称为 MN。它是一个运行的完整节点程序，提供服务来维持整个区块链网络的运行，以此获得 Token（代币）奖励。

简单而言，就是通过实时托管硬币账本的整个副本来支持网络，然后用户可以获得加密硬币作为奖励。

当然，并不是每个人都可以去运行主节点，若是每个人都去运行主节点，就会造成资源浪费。为了控制主节点运行能力不被滥用，在运行主节点时，需要主机存储一定量的加密货币作为抵押。一旦主机违反了区块链的规则，就会扣除这些加密货币。

9

智能合约与区块链的关系

当人们讨论比特币、以太坊时，总是会提到智能合约一词。

那么，什么是智能合约？

区块链对智能合约产生了什么影响？

智能合约在区块链中是如何执行的？

智能合约的概念，是由 Nick Szabo 在 1995 年提出的，是一种信息化方式的计算机协议，主要用来传播、验证或执行合同。

智能合约和"打赌协议"

Nick Szabo 认为："一个智能合约，就是一套以数字形式定义的承诺。"在没有第三方的情况下，依然可以进行可信交易。而且这些交易拥有可追踪、不可逆转的特点。下面我们来举个例子理解一下。

用户 A 和用户 B 用 10 元打赌，明天是否会下雨。若是下雨，则用户 A 赢得 10 元钱。若是不下雨，则用户 B 赢得 10 元钱。

按照传统合约方式，用户 A 和用户 B 为了保证双方都能够履行合约，于是找到一个可信任的中介，把双方的 10 元钱都放到中介那里。一旦一方获胜，直接从中介那里获得奖金。如果第二天是多云，怎样判断是谁获胜呢？传统的合约，很容易受到各种维度的影响，如主客观维度、执行时间维度、成本维度、违约惩罚维度等，具有很多不确定性。

对于这些问题，智能合约能够比较完美地解决。用户 A 和用户 B 制定了一个智能合约，提前制定好合约内容，在第二天中午 12 点进行天气判断。若是下雨，用户 A 赢得奖金；若是不下雨，用户 B 赢得奖金；若是多云天气，偏阴天则用户 A 赢得奖金，偏晴天则用户 B 赢的奖金。在第二天中午 12 点，系统进行天气判断后，无论谁赢了，钱会自动打到对方的账户上，并不需经过第三方。

所谓的智能合约，就是只要达到了触发合约的条件，程序就会自动执行合约内容。这样，可以在很大程度上减少外界因素的干扰。

智能合约经常与区块链放在一起讨论，二者有什么关系呢?

区块链解决了智能合约的信任问题

智能合约并不一定要依赖于区块链来实现，但没有区块链的智能合约，存在着很大的信任问题，可以被人为修改。而区块链的去中心化和数据的防篡改，可以有效地避免这些问题的出现。因此，我们说区块链解决了智能合约的信任问题。

智能合约是区块链技术的重要组成部分，二者的关系是相辅相成的。基于区块链技术去实现智能合约，既可以节省大量的成本，提升效率，又可以避免恶意行为对合约正常执行的干扰。

在区块链中加入数字化形式的智能合约，可以保证交易顺利进行，不会有违约的情况出现。在交易时，当一方想违约时，智能合约依然会进行，直到交易结束。区块链具有存储、读取、执行等特性，可以保障整个交易过程的透明性。而且区块链自带的共识算法，使得数据无法被修改删除，只会不断增加，使得篡改数据的成本大大增加，从而保障了智能合约更加高效地运行。

智能合约在区块链中的执行过程

智能合约在区块链中是如何发挥效用的？下面我们来看看。

假设，用户 A 要租用户 B 的房子。

（1）用户 A 和用户 B 拟定了一个合约提交到智能合约服务器上，服务器发布到区块链上生效。

（2）用户 B 向智能合约服务器提交秘钥和账户地址。

（3）用户 A 向智能合约服务器提交数字货币作为抵押。例如，用户 A 的租金为每月 1000 元，共租 12 个月，那用户 A 则需要提交 $1000 \times 12 = 12000$（元）的数字货币。

（4）合约开始执行，第一个月，智能服务器从用户 A 的账户扣除 1000 元的抵押金，发放给用户 B，然后将开锁秘钥发给用户 A，并将交易记录到区块链上。

（5）每个月的 1 号，智能合约都会检查租约时间，每到期，便会自动扣除租金，将新的开锁秘钥发给用户 A。若是租约到期了，智能合约便会生成一条新的合约记录，标志合约终止，并且将记录发布到区块链上。

（6）每一个智能合约都会受到小区管委会监督，并且随时查看合约的执行情况。不论是用户 A 还是用户 B，在整个租房的过程中，无须多做别的事情就完成了这套交易。

拓 展
知 识 点

智能合约的去人为干预特性

智能合约虽然可以大大提高工作效率，但是存在着一个明显的缺点：去人为干预特性。

在 2016 年，众筹项目 TheDAO 正式上线。这个项目总共募集了价值 1.5 亿美元的以太币。但是，仅仅一个月系统被攻击，大量的以太币丢失。而 TheDAO 的设计执行者，对此攻击无能无力。

这就是因为基于区块链的智能合约存在去人为干预特性，导致大量的资金被黑客转移。后来，以太坊进行了区块链硬分叉，将这个问题彻底解决。

第三章
区块链的应用场景

区块链 + 支付：你的工资再也不会被拖欠

区块链与支付结合在一起，可以让支付变得更加公平。例如，应用到支付薪酬方面，员工不必担心公司拖欠工资，公司也不需要担心员工违约。

那么，区块链支付薪酬与传统支付薪酬有什么区别？

区块链支付是一个怎样的过程？

欠薪、讨薪，一直以来都是农民工的心头痛点。一不小心，回家的团圆路就会变成漫漫讨薪路。近几年，尽管有关部门对此类问题已经严加监管，但是由于传统的工程承包方式大部分采取的是层层转包的方式，农民工的工资要经由开发商、总承建方、分包商、施工队，才能到农民工手中。链条长、环节多、关系复杂，使得欠薪问题仍时有发生。而在雄安，区块链技术正在尝试解决工人的薪资安全问题，并且已经进入实施阶段。

雄安用区块链技术杜绝欠薪问题

2018 年 8 月，雄安上线了国内首家基于区块链技术的工程资金管理平台。管理平台及时追溯和记录每一笔工程资金的来龙去脉，以保障工程方资金不会被私自挪用，工人工资被列为专款专项，以便能够及时发放。管理平台如今已经接入多项工程，上链公司 700 余家，管理资金达 10 多亿元，实现了多个项目在融资、资金管控、工资发放上的透明管理。

此外，雄安首创的区块链＋保证金模式更是给农民工工资及时发放增加了一层保险。也就是说，如果想要开工，项目方和施工方需要有足够的资金用以支付工人的工资，这笔钱作为保证金缴纳到平台上。若是工程方未按约定时间发放工资，之前拟定的智能合约就会立即检测出来，然后平台就会自动将由保证金提供的工资发放给工人。区块链＋保证金机制自动触发平台用保证金为工人发工资的效果，从根源上杜绝了承包商的资金挪用问题。

例如，2018 年，雄安新区"千年秀林"工程某施工企业未能按合同约定时间支付工资，区块链管理平台首次发出预警，并将 36 万余元的工资保障金发放到 115 名农民工手中。

区块链技术不仅保障员工的利益，同时也保障公司的利益

区块链技术不仅可以保障员工的利益，解除员工被拖欠工资的风险，同时也可以保障公司的利益。很多公司在经营的过程中，都会有员工跳槽的情况出现，导致工作无法顺利进行，给公司造成重大损失。公司与员工签订智能合约后，员工需要履行合约，若是员工做出了违反公司规定的事情，公司将会记录在合约中，并且无法删改。

拓展知识点

区块链支付的优势

相对传统支付过程，区块链支付具有明显的优势，除了能够保证及时支付员工薪酬外，在其他交易中也有很大的优势。下面我们来具体看一下。

（1）无需对账

传统支付系统在业务结束后，需要与第三方清算机构对账。但是，区块链技术的支付系统并不依赖于第三方清算机构，而是进行点对点的资金交易，每个节点都有完整的数据库副本，可以随时查看，无须对账。

（2）资金流动效率高

区块链支付系统可以实现自动实时交易、资金实时清算等功能，不存在日切、轧差等环节，使得资金流动效率大幅提高。

（3）稳定性好

基于区块链技术的支付系统拥有去中心化的特点，每个参与节点都可以记账、存储数据，不受任何机构和人为的影响，具有极高的稳定性。如果有部分节点数据丢失或损坏，也不会影响整个系统的运转、数据库的完整和信息更新。

区块链 + 跨境支付

随着网络的发展，跨境支付在人们的生活中越来越常见。跨境支付会涉及多个币种，每一个币种的汇率都不相同。因此，以往人们进行跨境支付时，多依赖于第三方机构。但是，会经常出现下面两个问题：

（1）过程烦琐，周期长。传统跨境支付一般需要等待 24 小时，银行日终统一进行处理，因此不是实时的。即使有一些跨境支付是实时的，也是收款银行基于汇款银行的信用做了垫付，最后批量进行清算和对账，业务效率不高。

（2）手续费高。跨境支付会涉及大量的人工对账操作，第三方机构会收取高额的费用，银行也就需要向用户收取高额手续费。麦肯锡《2016全球支付》的报告数据显示："通过代理行模式完成一笔跨境支付的平均成本在25美元到35美元之间。"

区块链＋跨境支付恰好解决了这些问题，它不仅解决了信息不对称的问题，而且建立了有效的信任机制。区块链的交易透明，信息公开，交易记录永久保存实现了可追溯，符合监管的需求。而且接入区块链技术后，通过公私钥技术，保证数据的可靠性，再通过加密技术和去中心，达到数据不可篡改的目的。最后，通过P2P技术，实现点对点的结算，省略了传统中心转发，不仅提高了效率，还降低了成本。

2

区块链 + 餐饮：让你回溯每一块肉的来历

去餐馆吃饭或网上购物时，我们总是担心食材不新鲜。区块链在饮食领域的应用，恰好解决了这些问题。

那么，区块链在餐饮方面有哪些应用呢？

京东的溯源防伪

京东商城运用区块链技术搭建了一个区块链防伪追溯平台。用户购买产品后，可以通过京东 App 找到订单，直接扫描产品上的溯源码，查询产品的各种信息。比如，产品的产地、食品数据安全和物流配送等。

例如，用户在京东商场买了科尔沁品牌的牛肉。到货后，用户在京东 App 上，点击一键溯源或扫描产品上的溯源码后，会显示牛肉的原产地、喂养饲料、牛肉部位、加工厂企业信息等，让安全看得见。

供应链透明：溯源联盟

2017 年 12 月 14 日，中国首个安全食品区块链溯源联盟成立，其中的成员包含沃尔玛连锁超市、京东网上商城、IBM 和清华大学电子商务交易技术国家工程实验室。

区块链技术可以将产品从供应商到货架再到消费者的过程进行数字化追踪，并将这些信息数据记录到统一存储平台。

溯源联盟的成立，验证了可以通过区块链技术实现追溯到食品源头的目的。对消费者而言，可以清楚地知道食材的来源，放心食用。对商家而言，可以快速地将有问题的商品从市场上精准召回。

例如，商场从农场到门店追溯产品，使用传统方法需要7天，而使用区块链技术，则只需要2.2秒。

基于区块链技术的溯源联盟，不仅可以优化产品供应链，而且还拥有如下两种益处。

减少食物浪费：在生产到上架的过程中，有很多食物被浪费掉了。利用区块链技术开发更智能的食品系统，既可以让消费者购买到更多新鲜的产品，又可以减少食物的浪费。

实现供应链透明：区块链可以帮助消费者获取产品的具体信息，提高消费者的信心和信任度。

拓展
知识点

区块链饮食的评级系统

很多人网上购物或者去餐馆吃饭，都喜欢先去大众点评、美团等看一下餐厅评价。若是评分高、好评居多，用户愿意下单。反之，则会放弃。但是，美团、大众点评等中心化美食平台，可能以采取刷评论的方式提高评分等级，真实性有待提高。

区块链天然的去中心化和不可篡改特点，非常适合为产品做餐厅评级。每个用户都是一个节点，只有真正去餐厅吃饭的顾客才可以评价，写下自己的真实感受并为餐厅打分。评价和分数提交后，任何人都不可更改，保证了评价的真实性。

3

区块链 + 物流：让你的快递更高效、安全地抵达

虽然我国物流行业发展迅速，但仍然存在效率低、爆仓丢包、错领误领、信息泄露等问题。对于快递行业的这些痛点问题，区块链在物流领域的应用能否将其一一清除？能不能实现就算每天都是"双十一"，对坐等收货的剁手党们也不再是一种煎熬？

京东物流的"鸡毛信"功能，让你实时追踪包裹

据京东官方消息，京东快递的小程序中上线了一项新功能——"鸡毛信"，如图 3-1。这项增值服务通过采用区块链技术来保障消费者包裹的安全，能很好地改善以前频出的快递丢失问题。

图 3-1 鸡毛信

消费者如果在寄件下单时选择"鸡毛信"功能，快递小哥就会在其包裹上增加一个京东快递智能追踪器。这个追踪器具有定位功能，且会将货物位置信息实时上传倒 IOT 云平台。消费者可以通过小程序里的"查快递"，查看包裹的当前位置以及移动轨迹。

目前，这一功能已经进入试运营阶段，部分消费者在使用京东快递小程序的个人寄件业务时，就能在"优惠和增值服务"

里看到和使用这个全新的功能。

此外，"鸡毛信"还有一个功能是京东快递智能安全箱服务，可以解决包裹被人误取丢失的问题。即当包裹被放入智能安全箱后，智能电子锁就会被激活并自动锁紧，并生成唯一的安全密钥发送给收件人，作为开箱取件的唯一条件。也就是说，除了拿到安全密钥的收件人，其他任何人都无权打开安全箱。如果出现恶意开箱操作，就会触发箱体的蜂鸣警报，并将该状态记录在公链上。同时，在运输过程中，安全箱的电量、运输速度、位置、撞击系数等信息会被实时上传至区块链，收件人可以随时查看监控。

虽然这种智能安全箱作为一种科技创新，目前还未被广泛推行，但可以想象它将给物流行业带来的全新改变。

信息上链，确保了物品的可追溯性

物流行业有了区块链技术的加入，货物从发货、运输到取件，整个流程步骤都会被清晰地记录在链上，确保了物品的可追溯性，从而避免丢包、错误认领事件的发生。

用户在签收快件时，只需在上链查询即可。不仅杜绝了有人通过伪造签名冒领包裹的问题，也促进了物流实名制的落实。同时店家还可以通过区块链掌握产品的具体情况，防止竞争对手有意诋毁，从而保证各商家的利益。

渠道安全监控

很多快递公司会装上安检机，政府有关部门也需要了解每家物流公司有没有运输安全隐患。通过分布式记账的模式，让各个快递公司在出现安全事件时，将安全事件的有效信息记录于区块链上，使得监管机构可以实时监控且不可篡改。

保证个人隐私安全

现在我们在网上购物下单所用的个人信息数据是由第三方保管的，用户个人缺乏对信息的控制权。一种新型的物流用户隐私数据保护方案结合区块链和匿名认证，设计出一种访问权限管理机制，实现了用户对隐私数据访问权限的控制管理。比如，把客户信息、司机信息、物流运输信息加密后保存在区块链中，只有客户通过私钥才能查看，这样就可以解除用户对隐私安全的担心。

区块链用于物流，让物流链具备分布式、加密性、不可篡改等特性，保证运单数据的真实和安全，做到安全、速达，甚至将交易中出现问题的概率降到零。

4

区块链 + 医疗：让看病不再难

区块链技术应用在医疗方面，具有大数据交易和清算方面的能力，能够发挥更大的作用。

那么，区块链在医疗领域的具体表现有哪些呢？

传统看病过程

患者去医院就诊时，医生会先分析患者以往的医疗记录，例如病例、患者信息、化验结果、检查结果、手术记录等各种数据。医生通过分析各项数据，制定出多个治疗方案。然后，根据患者的实际情况进行排序，结合医学要求，选择出一个最适合患者的诊疗方案。

一言以蔽之，看病3分钟，排队3小时。不仅过程烦琐，还有可能会出现给错药、个人隐私泄露、处方滥用等问题。

腾讯的新尝试：把区块链用在看病取药上

腾讯正式发布了内含区块链技术的微信智慧医院3.0。用微信智慧医院3.0看病是什么体验？

打算去医院，打开微信询问AI导诊，AI给出初步诊断并指引手机挂号，根据提示的候诊时间出门，抵达医院诊断完毕，手机获取检查报告，在线咨询医生，微信医保支付，最后选择在家门口的药店取药。

可以说，微信智慧医院3.0打通了就医全流程。根据医院实测，仅微信医保支付一项就能为每个患者平均节省40多分钟时间。

微信智慧医院 3.0 不只是为了优化看病流程，它还把所有知情方全部纳入了区块链，实现实时链上监管。就医信息从哪儿来到哪儿去，被谁使用，处于什么状态，全程可追溯，每个环节都可精准查询。那些利用医疗信息发横财的人，从此只能隐退江湖。

天医 AIDOC——区块链上的 AI 超能医生

天医 AIDOC 的创新在于将区块链、人工智能、医疗三者进行整合，为用户在链上打造比特数字人、生命银行，为人们的健康保驾护航。

天医 AIDOC 核心技术之一是比特数字人。天医系统将会为每一个注册用户免费构建一个利用 AI 与虚拟成像技术打造成的比特数字人。然后，用户可以将自己人体的体征数据、健康数据和疾病数据上传到区块链网络——天医链上。这些数据会让比特数字人的形象愈加丰满，并逐渐接近真实的自己。届时，用户只需观察虚拟环境中的自己，就能了解自己的健康状况。一旦出现异常，系统内置的 AIDOC 超能医生就会给出最佳建议或者治疗方案。

用户在使用天医 AIDOC 区块链系统时，出现的大规模生命体征数据总要有个安全的地方储存。这个地方就是生命银行，用以存储天医链中的医疗数据。再经过一些加密技术，保证天医链分布式网络中的存储安全性，并实现永久可追溯。

说白了，天医 AIDOC 就是一位区块链 AI 医生，通过监控比特数字人和生命体征数据的"挖矿"过程，收集和传输数据，帮助每个用户抵御身体健康风险。

自己看病，还能赚钱

将区块链与医疗结合后，用户看病不仅不会花钱，而且还能赚钱。用户关联数字身份后，上传体征数据的过程就相当于"挖矿"，可以获得代币奖励。代币可以用于变现、兑换和抵现等。

区块链 + 医疗落地应用的三个方面

区块链 + 医疗的落地应用，目前有三种：

第一是药品溯源。这类似于上面讲到的食品溯源。2017 年，某制药公司研发了药品区块链，用于药品供应链的追踪和药品溯源。这个平台，是由多家开发商、分销商和医院共同建立的，既解决了各方的信任问题，又节省了成本。

第二是电子病历共享。如今很多医院都会在患者第一次来医院就诊时，为其建立档案。档案中会记录患者的体征数据、患病信息和治疗记录等。当患者再次到该医院看病时，医生就不需要再次一一询问，只需将患者档案调出来了解后，询问患者的病情新变化即可。但是，每个医院的患者数据库是独立的，如果该患者去一个新的医院，这家医院需要重新建立一份患者档案。在整个医疗领域，各项数据繁多，包含体检数据、初查数据、复查数据、治疗数据等。这些数据彼此割裂，并不互通，也无法保证数据不被篡改和损毁。

区块链的共享机制恰好可以解决这个问题，电子病历实现共享。区块链本质上是一种分布式记账技术，各个医疗机构和患者都是节点，患者关联数字身份后，各项数据会上传到区块链网络上。每个人都可以查看完整的数据，并不存在医院隔离，医生可以随时查看自己患者的身体数据。

第三是智能合约。例如，某医疗护理公司建立了一个区块链平台，将机构与个人连接起来，规定以最终疗效计费，只要达到疗效，智能合约便会要求用户自动付款。这种方式大大改变了原有的服务模式和交易方式，加强了患者与医疗机构之间的信任。

人脸识别 + 医疗

基于区块链技术的人脸识别，同样在医疗领域得到了广泛的应用。

对患者而言，可以进行刷脸挂号、刷脸就诊等操作。

刷脸挂号：利用人脸识别技术，依照人脸信息对应患者身份直接挂号，方便患者就医。

刷脸就诊：将人脸识别系统与医疗数据库连接起来，患者刷脸后，可以自动显示历史就诊记录。尤其是在输液、采集样本、手术等场景，医生需要确认患者身份，传统的病历表、诊疗卡等方式，出错率比较高。而人脸识别技术，一个人只能对应一个身份，效率和准确率大大提高。

对医院而言，人脸识别技术可以提高医院的安全性。

医院属于公众场所，一些医疗重地存在着很大的安全隐患。医院可以在重要的器材或材料科室门口设立人脸识别设备，只有获得权限的工作人员才可以进入。

将人脸识别技术与医疗相结合，可以简化患者的就医步骤，为患者提供更加便利的就诊体验。同时，也可以提升医生的工作效率，实现智慧医疗。

区块链 + 保险：从申请到理赔 5 秒搞定

随着经济的发展，各种保险越来越受到人们的重视。但是，缴费问题和理赔的过程长、手续烦琐一直困扰着很多的保险费缴纳人。区块链技术运用于保险领域后，理赔效率大大提高。

蚂蚁区块链下的 5 秒理赔

2019 年 12 月 10 日，全国首单区块链理赔在浙江台州落地。12 月 4 日下午，从事个体生意的吴先生去医院就诊。在日常生活中，他经常使用支付宝收钱，累积了一笔名为"多收多保"免费医疗金，可以理赔诊金。

吴先生就诊后，对支付宝授权，在"发票管家"中找到就诊发票，点击提交，立马获得了理赔款，整个过程只用了 5 秒！

这次保险理赔的整个过程应用了蚂蚁区块链技术，从保险人申请到收到理赔款的整个流程都处于闭环状态，实现了快速理赔的目的。

区块链技术简化保险理赔过程

传统的保险一般有两个特点：一个是需要经过第三方平台，另一个是保险人等待时间长。

需要通过第三方平台购买的保险一般是航空保险，人们在出行乘坐飞机时，需要购买航空意外险和延误险。这些保险是直接包含在了机票款中。航空公司充当了第三方平台，链接乘客和保险公司。

等待时间长：传统的保险投保和理赔过程都比较长，例如重大疾病保险的作业流程，客户投保后，保险公司的调查人员会调查患者 180 天内的患病信息，以防客户的骗保行为。

投保成功后，会有 90 天的等待期。等待期过后，保险人想要理赔，需要先申请，提交各种资料，保险公司调查其真实性后，保险人才能拿到理赔金。

在保险领域运用区块链技术，某些步骤可以省略，并不需要人工调查。例如，美国大都会开发了生命链技术，也是运用了区块链原理。投保人逝世后，保险公司会将逝者身份识别信息安全加密后与讣告和各相关方共享，快速确认投保信息。确认成功后，保险公司会马上启动理赔流程。

美国大都会测验生命链的过程中，首先获得了家属的授权，将逝者信息加密后上传到生命链上，触发匹配搜索后，搜索到相应保单并进行信息验证，并将匹配结果在第一时间发送给家属。同时，会将匹配结果发送给保险机构，通知他们启动匹配流程，如图 3-2 所示。

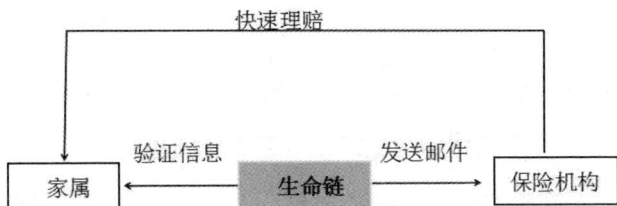

图 3-2 生命链

在这个过程中，保险机构不需要逝者家属提交理赔申请与提供各种保单信息进行验证，双方由区块链自动验证进行。即使保单匹配失败，生命链也会及时通知逝者家属，由家属联系保险机构再次核查并申请理赔。

区块链在保险领域应用的经典案例，还有法国保险巨头安盛保险开发的一款名为 Fizzy 的区块链保险，Fizzy 运用了以太坊公有区块链技术。旅客购买保险后，只要航班延迟超过两个小时，智能合约就会自动为旅客提供延误赔偿。

区块链解决车险的理赔痛点

人们买车后，都会上车险。但是，在车险领域存在很多盲点。于车主而言，理赔时间长；于保险公司而言，很可能会遇到欺诈事件。整个过程，会受到人为因素的干扰。在车险领域引入区块链技术，能够解决传统保险的理赔痛点，塑造公开、透明的新保险形象。在车险领域运营区块链技术，用户有下面三个优势：

（1）简化核赔手续

在车上安装相应传感记录设备，通过区块链技术和车联网技术，记录车辆的真实行车信息，且不可篡改。一旦出现事故，设备会实时将车辆数据提交给事故认证平台系统，核验后满足条件就会自动发放理赔款。

（2）定损维修防欺诈

车辆损坏后，修理厂会按照流程进行定损，然后将文字信息和视频信息上传到区块链，定损内容在保险公司和用户的共同监督下进行。一旦修理厂将虚假扩大车损的信息上传到区块链上后，将成为骗保的证据，接受处罚。这既提高了效率，又降低了成本。

（3）配件防欺诈

车辆配件制造会将已经认证过的配件防伪信息上传到区块链，修理厂使用的过程中需要将配件防伪信息上传，方便保险公司和用户查证、溯源，防止配件以次充好。

拓 展
知 识 点

区块链在保险业的应用展望

目前的保险产品，并没有很强的灵活性，只能依照合同规定执行，无法根据实际情况来进行灵活应对。在未来，将区块链技术应用于保险业务，可以更好地开发保险产品的弹性，从而提高保险公司的资金配置效率和赔付精准度。

例如，意外伤害险合同有一些免责条款，其中一款规定，客户若进入战争地区出现意外，保险公司免赔。但是，就目前技术而言，保险公司无法完全了解客户是否进入过战争区域。若是将保险区块链联系起来，并添加地理位置定位功能。保险公司将客户的信息上传到区块链上后，会随时记录用户的位置信息。

客户一旦进入战争区域，区块链会如实地记录，从而让客户的保单进入冻结状态。同时，区块链上的智能合约将针对战争地区的风险形成一份临时保单，保障客户的安全。当客户离开后，临时保单失效，原有保单的冻结状态解除，继续发挥效力。区块链的这种柔性赔付机制，大大增加了保险产品的操作灵活性，在保证自身利益的前提下更好地服务客户。

6

区块链 + 投票：让选举更加公正透明

　　区块链技术的应用越来越广泛，已经应用到投票领域。既可以保障投票人的隐私，又可以追踪整个投票流程，让选举更加安全透明。

首个官方投票区块链应用

在 2018 年的俄罗斯总统大选中，国营民意研究中心开发了一个基于区块链的投票站。这是全球第一个投票区块链应用。

这个区块链应用，可以存储民意调查中收集的信息，又具有比较强的安全性，保护数据避免遭受 DDoS 攻击和其他黑客的攻击。

当投票开始后，每个人都可以快速投票。区块链网络会实时更新进展情况，任何人都可以去应用上跟踪投票情况。

区块链投票流程

区块链投票的流程如下：

公民注册身份→上传区块链→获取密钥→投票→统计选票。

为了进行数字投票，公民首先要在特定的司法管辖区注册，证明自己的公民身份，获取相应且唯一的密钥关联区块链，获得投票权限。

然后，公民就可以根据自己的喜好在区块链上投票。区块链会将投票通证存入到公民的账户中，每个候选人（物）都有特定的地址。公民只要将投票通证发送到特定的地址即可，一个通证代表一张选票。区块链的不可篡改特性，可以保证整个投票流程的公平性，并且自动计算每个候选人的选票，让选民实时了解投票进展。

但是，在区块链投票的过程中，会遇到两个问题：

（1）验证选民身份

为了保证区块链投票的公平性，防止一票多投，区块链系统需要核验选民身份。这就会依赖于一个中心化的权威机构，与区块链去中心化的特性相矛盾。

（2）保持匿名投票

很多选民并不喜欢将自己暴露在人前，因此会选择匿名投票。理想状态下的区块链投票系统是，系统验证了身份和投票资格后，就不再干涉投票事件，从而做到匿名投票。这就要求选民在区块链上注册信息时不能包括可识别信息，从而隐藏投票通证发送者的信息。这与每个选民需要验证公民身份矛盾。让匿名与身份认证同时实现，是区块链投票要挑战的重要目标。

区块链投票的优势

无论区块链投票存在哪些挑战，它依然可以从根本上改变投票的运作方式。下面，我们来了解区块链投票有哪些优势。

（1）流程透明

传统的投票流程是选举者投完票，接下来的事情就与选举者无关了。统计票数是工作人员的事情，整个过程是在幕后进行的，选举者没有办法保证投票的绝对公正。而区块链投票的透明度很高，选民投票结束后，可以进行跟踪并看到它最终出现在正确的位置。即使没有与选民的信息相关联，投票依然会存在于区块链中，不可更改。

（2）实时投票

将整个投票环节搬到网络上，不论选民在哪里，只要可以联网就能进行投票。这样，就可以让投票成为日常事件。

（3）减少欺诈

选民在区块链上验证身份后，欺骗系统或在错误的司法管辖区将很难进行操作，从而保证了一人一票，公平竞争。

7

区块链 + 新零售：向中间商和差价说"不"

新零售的概念，是在 2016 年 10 月由马云提出的。他说："未来的十年、二十年，没有电子商务这一说，只有新零售。"现在，新零售与区块链结合在一起，将会给人们的生活带来更多的改变。

区块链与新零售

新零售，就是个人与企业以互联网为依托，通过大数据、人工智能等各种先进手段，对整个流通和销售流程进行升级、改造，重塑业态结构与生态圈。新零售，其实就是将线上服务、线下体验与现代物流融合到一起。

在新零售中应用区块链技术，可以帮助人们节省更多成本。区块链下的新零售拥有三个特点：

（1）开放：整个系统是开放的，除了买卖双方的私人信息被加密外，每个人都可以查看区块链上的完整数据。用户可以在区块链上查看购买产品的各种信息。

（2）匿名：即使交易双方互相没有公开身份，彼此之间依然可以产生信任，这是区块链技术赋予的。

（3）不可篡改：区块链上的数据只能增加，不能删除或修改，使得交易变得更加公开、透明。

区块链 + 新零售：去除中间商

人们在生活中购物时，不论去实体店购买还是网购，都不是与生产商接触，而是经过了多个中间商。这就意味着人们需要用更高的价钱，去购买等同价值的产品。

基于区块链技术的新零售系统，可以将生产商、商品、供应链、渠道商和消费者连接在一起，每个参与者都是区块链的一个节点，在区块链的系统中都可查可看。

区块链直接缩短了消费者和生产者之间的信息距离，建立信任，不需要中间商转卖。厂商直接接触顾客，低价销售产品，并且还可以根据不同客户制定个性化服务。利用区块链技术，品牌商可以直接连接消费者，打造一个自由、公开、安全加密的交易平台，传统的通过第三方平台购买商品的行为，可能会逐渐被替代。

区块链在新零售中的落地应用

区块链在新零售领域已经投入应用，多体现在两个方面：物流端和供应链端。

（1）物流端应用

2018 年 3 月，沃尔玛申请了一个名叫智能包裹的专利，智能包裹是区块链在物流领域的体现，实现了利用区块链技术更加完善智能地追踪包裹交付的目的。这个技术可以对卖家地址、快递员地址和买家地址进行加密，用于监管配送地址。

菜鸟网络与天猫国际也联合发布了基于区块链技术的防篡

改的物流追踪数据。消费者购买商品后，进入手机淘宝的商品物流详情页，在底端找到"查看商品物流溯源信息"按钮，点击一键溯源，查看商品的所有信息，确保商品来源真实可靠。

（2）供应链端应用

区块链技术在供应链上的应用，是新零售领域的一项延伸性技术创新，可以帮助新零售行业构建数字化供应链，实现全球跨境供应链的管理和流通。

比如在 2017 年 6 月 8 日，京东利用区块链技术搭建京东区块链防伪追溯开放平台，就是一个很好的供应链端应用的例子，这个平台可以帮助用户商品溯源和防伪。

拓展
知识点

区块链让产品去假存真

区块链技术可以连接供应商、制造商和物流，为流通的每一个商品添加可验证记录，让用户随时查看产品的生产信息和产品有效期。并且，区块链技术具有很强的防伪作用，产品信息上传后，具有唯一的防伪标识，消费者可以随时查证。

例如，互联网奢侈品电商公司寺库，正在研发区块链应用，期望可以有效解决奢侈品流通过程中的信任问题，为产品与用户、用户与用户之间建立信任，帮助用户买到真正的奢侈品。

8

区块链 + 众筹：追踪款项的实施落地

区块链技术应用在众筹领域，很早就有了尝试。比如，在 2014 年，以太坊为了进行研发，众筹 30000 多个比特币。众筹其实拥有悠久的历史，但是运行流程并不透明，引入了区块链技术后，将会大大改善这种状况。

一般而言，众筹多应用于重大疾病筹款和项目筹款。比如，某个人患了比较严重的疾病，本身的资产并不能够支付昂贵的治疗需求，于是便发起众筹，获得他人的帮助。或者，某个人创业没有启动资金，也会发起众筹。

区块链众筹的实时问责机制

传统的众筹，需要第三方信任平台为项目背书，但是依然存在漏洞，导致支持者无法追踪筹款的实际落地。

在区块链众筹中引入问责机制，方便支持者更好地监督众筹项目发起人使用筹款的情况，发起人也会更有动力和更加遵守规则按照项目计划加速产品生产。若是支持者发现问题，通过智能合约可以随时停止筹款，并且将筹款返回自己的账户。

但是，问责机制同样也给予了发起者机会。比如，有支持人对筹款使用提出质疑时，只要众筹项目发起人有足够的理由解释原因，并获得了大多数支持者的认可。那么，这个众筹项目依然可以继续进行。

区块链为发起者和支持者之间建立一个信任纽带，在众筹项目中，支持者和发起者都享有主动权。而在传统的众筹项目中，发起者享有主动权，支持者捐款后，就与其没有关系了，只能一直处于等待的状态，我们可以举一个例子来简单说明。

有一个人发明了一个旅行三脚架，这个三脚架非常适合那些喜欢旅行摄影的爱好者。但是，他没有足够的资金启动项目。于是，他在众筹平台发起了项目，并且规定在某个时间段内必须做出三脚架的原型。在此期间内，筹款的40%会存在支持者保险中。

在这段时间内，若此人做出了让支持者满意的三脚架原型，则获得全部筹款。若是进展不顺利，没有打造出合格的原型，发起者需要解释进展缓慢的原因，给出让人信服的理由。

所有支持者对发起者给出的理由进行投票，超过51%的支持者投了反对票，就会触发合约的退款条款，退还没有使用的资金。若是超过51%的支持者投了赞成票，则项目继续进行。

区块链众筹的优势

在众筹领域引入区块链技术，可以让整个流程变得更加公开透明，使得众筹的款项更加容易发起、管理，保证整个众筹活动的稳定性。那么，基于区块链技术下的众筹有哪些优势呢？

（1）无须手续费：传统的众筹平台，用户筹款结束后，提现时需要给第三方平台手续费。引入区块链技术后，发起者众筹时可以选择数字货币，采用区块链协议发起、管理众筹项目，能够节省大部分的手续费。

（2）易流通：在区块链众筹系统中，用数字货币代替传统货币，支持者可以快速、简单地将其赎回，同时也可以与他人进行交易，不局限于货币的单向流通。

（3）规则透明：当支持者使用数字货币支持了发起者的项目后，支付记录将会上传到区块链上，并且被永久保留。发起者获得的筹款情况也会被保存在区块链上，支持者可以随时获取公开透明的账本，追踪查询筹款的去向。

同时，基于区块链技术的智能合约还可以保证，如果发起者没有达到预定的目标，筹款会自动退回支持者的账户。智能合约保证了即使没有可信任的第三方平台，众筹依然可以进行。

拓 展 知 识 点

区块链众筹面临的挑战

区块链众筹虽然拥有众多优势，但是依然面临着很多挑战，主要表现在两个方面：

第一，众筹的载体。区块链本身还处在发展的早期阶段，并没有形成统一的标准。因此，不同的区块链之间难以互联互通，使得区块链众筹无法最大程度发挥优势。

第二，法律支持。虽然现在区块链技术得到了世界认可，并且各国都在尽力发展该项技术。但是，数字货币和区块链的发展与监管并不同步，各国对于区块链的立法尚处在探索阶段，并不完善。只有完善区块链众筹的相关标准，获得法律的支持，区块链众筹应用才能水到渠成。

9

区块链 + 租房：从此不见黑中介

很多人在外面租房的时候，经常会遇到黑中介，导致精神和财物都受到损失。区块链与租房相结合，直接连接租户和房东，帮助用户避开黑中介。

传统的租房过程，无论是线上还是线下，一般是通过中介完成的。业主将房屋委托给中介，再由中介租给用户，业主和租户都需要给中介缴纳中介费。这就衍生出了一些黑中介，他们可能没有正常的房屋租赁合同，存在各种乱收费现象。

雄安的区块链租房系统

2018 年，雄安新区搭建了区块链 + 租房平台。在这个平台上，所有挂牌房源信息、房东房客信息、租赁合同等都可以在区块链系统上得到验证，并且，区块链会对私人信息进行加密，用户不必担心隐私泄露。

这个区块链租房系统采取了住房租赁积分机制，即用户在区块链上验证身份后，每个人都会有属于自己的租房诚信账户，记录每一笔交易信息，这些信息是不可修改和删除的。区块链租房可以规范房屋的租售市场，假房东将会逐渐消失，用户租房安全得到保障。

区块链长租项目 Lucia

基于区块链技术下的租房系统，简单理解就是将房屋产品、租用双方相关信息上传，实现去中介化。一个经典案例就是公信宝开发的区块链长租项目 Lucia，Lucia 通过连接政府及企业的个人信用数据，验证注册所有用户的真实身份，包括房东、中介和租客。

当用户在 Lucia 注册后，每个人都拥有专属的数据公共账本，用户可以查看每一套房屋的真实照片、价格、历史出租记录、历史租客评价等，根据这些信息判断房子是否适合自己，筛选适合的房源和房东。

业主在发布房源时，房源的位置、价格和照片必须经过实地勘查与验证后才能展示。这样，就可以杜绝虚假房源的出现。若是业主没有时间管理房屋，也可以委托社区经验丰富的成员代为管理各项事宜。

不仅租客可以查看房屋和业主的信息，业主也可以查看租客的信息。例如，是否存在恶意欠租行为，是否毁坏过房屋……若是租户有差评，业主可以拒绝租房。

在 Lucia 社区内，成员还可以发布与租住行为有关的有偿服务，或自主选择是否受理该项服务，以此获得更多收益。

当业主和租户达成一致后，就会触发智能合约，整个流程都是在信任的环境下进行的，没有人可以毁约。一旦出现毁约现象，智能合约会强制合同继续执行。

区块链技术保障了房东和租客的精准对接，避免因资源空间不对称和信息不对称而造成的各种问题，使整个房屋租赁行业变得更加透明、安全和稳定。

区块链租房评价更真实

　　区块链租房场景的运用，解决了真人、真房、真住的问题。在租房的过程中，业主和租户双方通过区块链已经大致了解了彼此的信息。一旦租赁关系成立，交易记录便会记录在区块链上，基于区块链信息无法篡改的特性，所有的信息都会变得更加真实。当租房合同结束后，业主和租户双方可以互相进行评价，且这些评价无法被删除。

第四章
区块链政策与法规

1

区块链应用可能存在的法律风险与问题

区块链的发展前景是毋庸置疑的，它的应用能够带来非常多的效益。但是，效益与风险伴生。区块链还处在发展的初级阶段，应用于实际时，可能会不小心触犯法律。

那么，区块链应用可能存在哪些法律风险呢？

当下的区块链应用还存在哪些问题呢？

2018 年 8 月 21 日，金色财经、币世界、每日币读、火币资讯等知名区块链媒体和自媒体微信公众号被封。到 8 月 23 日，北京市朝阳区的金融社会风险防控工作领导小组发布了"禁止虚拟币推介"的通知。利用区块链概念进行加密数字货币诈骗的事件层出不穷，给投资者造成了巨大的损失。区块链应用，还存在着众多法律风险。

区块链应用存在的法律风险

区块链的应用还不成熟，存在众多风险，主要表现在虚拟货币交易和区块链应用开发方面。

虚拟货币的交易风险一般表现在下面几个方面：

（1）虚拟货币非法集资

虚拟货币是区块链的一种实际应用，包含了比特币、以太币、莱特币、元宝币等。类似比特币本身的价格日益增高，给人们造成一种印象，就是虚拟货币都值得投资。

于是，就有人利用这种心理，向投资人编造虚假的虚拟货币种类或没有发展潜力的虚拟货币种类，承诺高额回报收益，吸引他人投资，然后携款潜逃，给他人造成严重的财产损失。

（2）非法获取比特币

比特币经过发展高峰期，币值稳定在 5000 上下浮动。有的人看到比特币的价值，于是在互联网上传播计算机病毒，非法获取他人的比特币。

（3）利用虚拟货币洗钱

比特币具有点对点交易的优势，有一些人便会利用这种优势，先将人民币兑换成比特币，然后再将比特币兑换成外币，逃避国家外汇监管。或者是，将非法收入兑换成比特币，再将比特币兑换成外币，达到洗钱的目的。

（4）利用虚拟货币进行网络传销

在互联网上以兜售虚假虚拟货币的形式发展会员，获取非法收益。发起人会自行控制这些虚拟货币的升值幅度，以此来吸引更多下线，进行网络传销。

区块链应用开发风险表现在以下几个方面：

（1）没有开发实力却吸引他人投资

区块链应用开发成功，可以带来很多收益。但是，技术研发需要投入大量的人力、物力和财力。若是研发失败，会给自身造成很大的经济损失。因此，很多研发区块链技术的公司、团队会吸引他人进行投资。但是，也有一些根本没有研发实力的公司，开始包装自己的研发团队，在各个平台宣传，发行虚假股票、债券等，严重扰乱金融管理秩序。

（2）项目侵权

现在，国家越来越重视专利。一旦造成侵权行为，会面临法律的惩罚。区块链的技术日新月异，在研发的过程中，各自专利和 Know-How（诀窍）交织在一起，很容易发生重叠，造成侵权行为。尤其是每个国家的知识产权保护法规并不相同，没有统一的标准，对于是否侵权很多研发者无法判断，一不小心就会被告侵权。

区块链应用的法律风险，一般都是集中在虚拟货币上，比如利用虚拟货币偷税漏税、行贿，或者盗取虚拟货币获得非法财富等，都会触犯法律。因此，不论是研发区块链还是使用虚拟货币，都需要遵守法律。

区块链应用存在的问题

区块链应用于实践中，还存在着不少问题，下面我们来具体分析。

（1）区块链应用缺乏创新

区块链技术处在试点测试阶段，区块链应用雷同，缺乏创新。其原因在于技术成熟度和场景挖掘能力相对不高。区块链技术本身正处在发展初期，系统的吞吐量、信息安全防护能力，需要不断完善优化。而区块链应用场景多集中在实时性、交易吞吐量要求不高的现有业务场景，需要开发更多新的应用场景。

（2）节点、性能和容错性之间的平衡

区块链技术是基于共识机制进行的，但是，当前的区块链共识机制存在着节点、性能、容错性难以平衡的问题。基于工作量证明的算法容错性比较高，但是获得共识的周期长，最多只能实现每秒 7 笔交易，性能比较低。而基于拜占庭类共识机制的算法，性能大幅度提高，每秒可实现千笔以上的交易数量。但是，其容错性又比较低，而且节点超过一定数量后性能会大幅度下降。

（3）区块链跨链

当下的区块链应用都是彼此隔离的，并不能将不同业务场景的独立区块链应用联系在一起。实现区块链跨链是一个很复杂的过程，需要链条中的节点具备单独验证能力和对链外信息的获取能力。同时，跨链必须能够满足性能指标、安全性、稳定性等需求，这需要各行业之间形成共识，才能最终实现。

（4）链上、链下的信息一致性

区块链可以保证链上的各种信息真实、完整和不可篡改特性，但是到了链下承兑、实物交付场景时，很容易出现资产实际信息不一致的问题。例如，区块链应用在数字票据场景中，可以保证链上的数字票据是真实的，但是无法保证链下真实数字票据的承兑情况与链上数据一致。

（5）统一技术应用标准

区块链的运行是基于互联网，因此会受到网络环境、节点数量、业务逻辑等多种因素的影响，在技术性能指标评价方面缺乏统一的标准。尤其是某些区块链服务商会夸大宣传，使得金融机构不能准确判断区块链平台性能的优劣与安全。

2

世界各国对区块链的监管态度

　　区块链快速发展，各国也加强了对其的监管力度，坚决杜绝各种不安全因素和犯法行为。

　　那么，世界各国对于区块链监管的态度怎样？

　　各国都出台了什么政策？

中国：支持区块链技术的发展，但禁止中心化交易所和 ICO（首次发行代币）

2017 年 9 月 4 日，七部委联合发布了《关于防范代币发行融资风险的公告》："严厉打击各类代币发行融资活动，ICO 属于非法。"随着区块链的发展，中国政府也加强了监管力度，在北京、上海、广州、青岛、重庆等城市，纷纷出台虚拟币相关风险警示，提醒民众警惕虚拟货币区块链骗局。

中国支持区块链技术的发展，区块链专利排名更是居第一位。但是，对于 ICO 严厉打击，取缔了数字资产交易所。中国禁止在线访问海外交易平台，并切断了比特币"矿工"的权利，在全国范围内实施禁止访问所有涉及加密货币交易的网站的政策。

美国：谨慎立法，加码 ICO 监管

美国对于区块链的发展，一直持谨慎态度，既没有放任不管，也没有过分监管。

在 2014 年，美国颁布了《投资者指南和规则》，认为比特币不是一种货币，将其划为财产类别，仍然可以作为一种金融的支付手段。

2015 年，美国出台了《虚拟货币监管法案》，对虚拟货币商业活动进行监管。直至 2018 年下半年，美国加强了对 ICO 的监管，公布了至少 12 起相关处罚与审查事件。

2019 年 1 月 30 日，美国国会通过一项加密货币用于非法交易的法案；到 2 月 20 日，又通过了两项关于加密货币监管的法案。对于加密货币的监管，一直在不断增强。

英国：监督不监管

对于区块链技术和数字货币，英国始终保持着监督不监管的态度。英国本身并不发展区块链，但是为区块链创业公司提供了非常优惠的政策。因此，吸引了大量区块链初创公司将总部搬往伦敦。

英国政府曾经警告加密货币投资者："ICO 可能存在巨大风险，投资需要谨慎。"

德国：积极接纳并努力合法化

德国是最早将比特币合法化的国家，认为比特币等数字资产是个人私有财产。德国财政部表示："不会对使用比特币等数字货币作为支付手段的用户进行征税。"

德国新出台的文件表明："虚拟货币（例如，比特币）变成了合法的支付手段，就像那些参与交易的虚拟货币一样作为一种替代合同和直接支付手段已被接受。"

俄罗斯：坚持加强监管不动摇

俄罗斯对于加密货币，一致秉持着坚定而严厉的监管态度。俄罗斯立法的新版本《数字金融资产法》草案中，依然坚持对加密货币严厉监管。俄罗斯的法律草案中规定："普通俄罗斯人允许投资 ICO 等项目的最高金额为每年不到 9000 美元。"

日本：支持比特币合法化，加强平台监管力度

在日本，比特币是合法的。根据 Coinhills 数据，发现在比特币对法币的交易中，日元占了 46.95%。在 2017 年 4 月，日本颁布了《支付服务法案》，正式承认加密货币为合法支付手段，并将其纳入法律监管体系之中。在日本，有 5000 多家商户接受比特币支付。

2018 年 1 月，Coincheck 交易所被盗，日本金融当局发布了 8 道"肃清令"，对 32 个数字货币交易所进行检查。日本加强了对数字货币交易所的监管，将交易所直接当成金融机构来检查。

韩国：实行实名制交易

2017 年 9 月，韩国宣布比特币合法化，并将其列为新的跨境支付方式。加密货币在韩国获得了高速发展，但是，随后迎来了灾难性的大跌。为此，韩国出台了《比特币监管法案》，投资者的准入门槛设置为 5 亿韩元。

到了 2018 年 1 月 30 日，为了加强对数字货币的监管，韩国禁止数字货币交易过程中使用匿名银行账户。用户在韩国交易所存入保证金时，所开设的数字货币交易账号名字与信息必须与本人的银行账户信息一致，以此防止洗钱和违法行为。

新加坡：ICO 孵化热土

比特币等加密货币在新加坡还没有受到监管，2016 年，新加坡金融管理局推出了"沙盒"管理机制：只要在事先报备，就允许从事与目前法律有冲突的业务，就算后期被终止，也不会追究法律责任。这个机制，为区块链创新创业者带来了更大的发展空间。

在 2017 年，因中国和韩国的禁 ICO 令，大量的数字货币交易所和项目搬到了新加坡，使得新加坡成了全球仅次于美国和瑞士的第三大 ICO 发行市场。

2018 年，新加坡金管局认为，ICO 属于证券类，应该接受监管。但是，到目前为止，新加坡的相关政策仍然比较宽松。

3

区块链在中国合法吗

截至 2019 年 12 月，区块链在中国是合法的，但类似比特币、以太币等数字货币交易所是非法的。区块链在中国的发展经历了三个阶段：监管→应对→倡导无币区块链。

严厉监管：2013—2014 年

2013 年，比特币在中国市场迅速升温，价格快速上涨，掀起了第一轮加密货币的投资热潮。百度、苏宁易购等机构宣布接受比特币支付。比特币成为各大媒体的"宠儿"，引起广泛关注。

同年 11 月，中国人民银行副行长易纲首谈比特币，并表示购买和出售比特币是公民的权利。在 11 月底，比特币价格骤涨至 8000 元人民币，从而引起了金融监管高层的高度关注。

2013 年 12 月 5 日，中国人民银行、工信部和中国银监会等部门联合印发《关于防范比特币风险的通知》。该通知着重强调：

"比特币不是货币。"

"比特币是一种虚拟商品，普通民众在自担风险的前提下可以自由买卖。"

"不得以比特币为产品或服务定价。"

"不得直接或间接为客户提供其他与比特币相关的服务。"

…………

该通知肯定了比特币是商品的合法性，但是明确否定了比特币的货币属性。中国金融监管明令禁止金融与支付机构参与到比特币的交易中，百度、苏宁等机构迅速放弃了比特币支付业务，各商业银行也关闭了比特币交易所的人民币相关服务，给比特币市场带来重大打击。

2014年，中国的比特币市场逐渐走向萧条。

积极应对：2015—2016 年

2015年，数字货币交易逐渐稳定下来，中国政府意识到密码共识机制这种去中心化经济组织模式的优势和技术创新，开始正式并积极应对比特币与区块链。为此，中国政府开始了一系列尝试：

（1）2014年，央行成立了发行法定数字货币的专门研究小组，开始论证发行法定数字货币的可行性。2015年，中国央行开始研究数字货币发行和业务运行框架、关键技术、流通环境、面临的法律问题等。同时，针对数字货币对经济以及金融体系的影响、法定数字货币与私人发行数字货币的关系等问题进行了深入研究，形成了系列研究报告。

（2）2016年1月20日，央行召开了数字货币研讨会，这是央行发行数字货币计划的开端。这次会议分别邀请中国人民银行、花旗银行和德勤公司等机构的数字货币研究专家，请他们针对数字货币发行的总体框架、国家发行的密码电子货币等专题进行研讨和交流。

（3）2016 年 11 月 15 日，央行决定成立数字货币研究所，并发布了招聘广告。2017 年 7 月 3 日，中国人民银行数字货币研究所正式成立，成为全球首个发行数字货币并开展真实应用的中央银行。

（4）2016 年 10 月，工信部发布了《中国区块链技术和应用发展白皮书（2016）》，介绍中国区块链技术发展的路线图以及未来区块链技术标准化的方向和进程。2016 年 12 月，央行将区块链技术列入"十三五"计划，将其作为国家级信息化规划内容。

倡导无币区块链：2017 年以后

中国是第一个对 ICO 和交易所实行全面禁令的国家，对加密货币的监管态度一直非常严格。自 2017 年开始，中国政府在积极支持区块链技术的应用与创新之外，加强了对加密货币和各种代币的监管，明确了倡导无币区块链的政策。

（1）2017 年 1 月，国务院办公厅发布《关于创新管理优化服务培育壮大经济发展新动能加快旧动能接续转化的意见》，提出在人工智能、区块链、能源互联网等交叉融合领域构建新产业中心和网络。

（2）2017年4月28日，在杭州召开的全球区块链金融峰会吸引了全球2000个区块链的爱好者参加。此次峰会后，中国政府有关部门开始对区块链技术展开了密集调研。

（3）2017年8月30日，中国互联网金融协会发布《关于防范各类以ICO名义吸收投资相关风险的提示》。该提示，指出了ICO的风险隐患，并且表明ICO相关融资活动没有取得任何许可，属于非法证券、非法集资行为，中国互联网金融协会会员单位应该坚决抵制。

（4）2017年9月，中国人民银行联合七部委发布了《关于防范代币发行融资风险的公告》，明确指出，比特币、以太币等虚拟货币的交易，是一种没有经过批准的非法公开融资行为，具有极大的风险。所有代币投资交易，需要投资者自行承担风险，严厉打击代币融资行为。中国境内所有数字货币交易所全部关闭，并加强了对境内外数字货币的交易审查。

（5）2018年5月，中央电视台经济频道对密码货币、ICO和区块链进行了报道，涉及三个问题：国内交易所开通场外交易，绕过监管吸引国内投资者交易；代币市场乱象横生，挣钱花样多；国内链克、微众银行等应用，提出无币区块链。由此，明确了无币区块链的政策。

中国出台的最新区块链相关政策

2019 年 8 月 21 日，中共中央、国务院发布了《关于支持深圳建设中国特色社会主义先行示范区的意见》，指出将在深圳地区开展数字货币研究与移动支付等创新应用，探索创新跨境金融监管。

2019 年 10 月 24 日，在中共中央政治局第十八次集体学习中，习近平总书记指出：发展区块链技术，是技术创新的突破口，要加强区块链标准化研究，提升国际话语权和规则制定权；要推动区块链和实体经济深度融合；要把依法治网落实到区块链管理中，推动区块链安全有序发展。

4

区块链与一些国家现行的法律规范

　　2019 年，世界上一些国家的政府已经开始重视区块链的发展，并且针对区块链颁布了不同的法律规范，下面我们来具体看一下。

中国：出台《区块链信息服务管理规定》

2019 年，中国国家互联网信息办公室发布了《区块链信息服务管理规定》，为区块链的信息服务提供了可靠有效的法律依据。国家在区块链上的监管越来越成熟，并且将区块链作为核心技术自主创新的重要突破口，升级为国家战略。

目前，中国的区块链项目正处在探索阶段，监管政策有待完善。但对于区块链，无疑是非常支持和鼓励的。随着区块链技术的快速发展，中国相关法律政策也会越来越完善，区块链产业发展也会更稳健。

美国：频繁听证加密货币

2019 年，Facebook 推出了加密货币 Libra，引起了美国国会的注意，并且对加密货币的听证会越来越频繁。对于区块链，美国从一开始的敌视，逐渐合法化，到现在的支持发展区块链。虽然美国对于区块链的态度越来越明朗，但是对于比较敏感的金融证券领域，依然秉持着比较严格的态度。

英国：出台《加密货币资产指南》

2019 年，英国金融监管机构金融市场行为监管局（FCA），发布了一份文件——《加密货币资产指南》。该文件表明，根据国家监管活动令规定，加密货币资产可以看作是一种"特定投资"。此前，英国对于区块链抱着不监管也不鼓励发展的态度。到 2019 年，才对加密货币采取明确的监管措施。

俄罗斯：反对任何"货币替代品"

2019 年，俄罗斯央行明确表示反对任何"货币替代品"。俄罗斯央行行长在杜马会议上着重重申了这一监管态度。同时，推出了相关法令。俄罗斯一直秉持着积极发展区块链的态度，但是对于加密货币，一直严厉监管。为了区块链技术发展不落后于其他国家，俄罗斯中央银行在测试平台框架内完成了 ICO 测试，测试时发现许多针对加密货币的法律问题仍然没有得到解决，因此只能加强监管。

德国：批准区块链战略草案

2019 年，德国通过了区块链战略草案，确定了政府发展区块链技术的优先发展政策，包含了数字身份、证券和企业融资等多方面。德国是区块链和加密货币政策的主要支持者，并希望自己能够成为新兴代币经济的发源地。

日本：发布"关于ICO新监管的建议"

2019年，日本虚拟货币商业协会发布了"关于ICO新监管的建议"，并通过了《资金结算法》和《金商法》的修正案，重在加强对数字货币兑换和交易的监管。日本对于区块链技术抱着非常宽容的态度，积极接纳比特币作为一种支付手段。但是，在发生了"门头沟事件"后，日本积极制定相关法规，规范虚拟货币的交易行为。

韩国：制定相关税收方案

2019年，韩国科学和信息通信技术部声明，在2020年韩国投资区块链项目资金将达到1280万美元。韩国对于区块链技术秉持着积极接纳的态度，并且制定针对加密货币兑换和交易的相关制度与税收政策。

韩国认为，区块链发展是必然趋势，需要确定基于区块链的加密货币的法律地位。

泰国：研发监管平台

2019年，泰国央行正在研发自己的区块链环境和加密货币，希望打造一个更快、更实时的系统应用于银行结算。泰国对加密货币一直保持着友好的态度，但是加密货币行业充斥着各种欺诈信息，投资风险非常大。

泰国研发了一个监管 ICO 的网络平台，加强对加密货币的监管。在未来区块链的发展上，逐渐完善区块链领域的相关立法，紧跟数字领域的发展脚步。

就目前而言，区块链处在蓬勃发展阶段，世界各国已经意识到区块链技术的优势，并且积极进行研发。

5

区块链对法律的影响和挑战

在区块链的发展中，经常会有一些不法分子打着"金融创新""区块链"的旗号，以发行"虚拟货币""虚拟资产"等方式来吸收资金。他们发行的"虚拟货币"，并不是真正的基于区块链技术，而是利用区块链来进行非法集资、诈骗，实属违法行为。

区块链技术是一个新概念，并不存在针对区块链技术的现成的法律规范。区块链技术的优势很明显，但在发展的过程中，存在的乱象也比较多，需要明确的法律来规范。

区块链的立法思路是什么

区块链技术在现在这个发展阶段带来的风险和收益并不对等，风险明显大于收益。但是，仔细观察就能发现，其实风险多在于区块链的产物——数字货币上。世界各国对于区块链技术秉持着支持的态度，对数字货币保持着严格监管的态度。

在立法方面，应该将区块链和数字货币分开，对数字货币严格立法，规避其带来的经济和金融风险。

就目前而言，很多国家的监管政策都是针对加密数字货币的。例如，中国政府针对数字货币发布了《关于防范代币发行融资风险的公告》，从本质上取缔了加密数字货币的发行。

对于加密数字货币，奉行的规则就是"用法律规则来塑形区块链技术规则"。

在过去，ICO炒作及虚拟货币交易平台都没有设置投资者门槛，很多虚拟货币交易平台并不具有长期为投资者提供期货合约交易抗风险的承担能力，导致很多投资者损失巨大。因此，在区块链立法方面，各政府针对ICO融资或者虚拟货币交易，首先需要严格地设定投资者门槛。

针对区块链的立法和监管，可以借助区块链技术和智能合约，将制定的法律条款转化为简单而确定的基于代码的规则，由底层区块链网络自动执行。在这个过程中，既可以降低执法成本，使得法律自动执行，减少文本中的不确定性，又可以让系统获得法律法规、有关部门和主流应用的支持，形成一个新的监管框架。

当前，区块链的法律还不完善，很多国家都处在试水阶段。那么，区块链立法的难点在哪里？

区块链立法的难点：无法预立

区块链的本质是一种技术，它的发展可以改变生产方式。在发展的过程中，也会对法律产生影响。但是，在区块链大规模商用之前，政府无法预先立法。

在前面，我们说过当下的区块链立法主要是针对加密数字货币。当下的数字货币，除了比特币，很多都是以中心化为主运营的，在原有的法律框架中可以找到对应的法律关系。但是，对于去中心化的区块链，有些地方很难适用。

区块链立法的过程，类似于市场经济调节。市场经济是先经过无形调节，市场失灵才需要法律的介入，区块链立法同样需要大量的调研和测试做基础。但目前，区块链领域并没有可提供参考的案例。一旦预立的方向错误，根据区块链不可更改的特性，将会给整个系统造成巨大的不利影响。

区块链具有去中心化、不可篡改的特征，一旦数据形成就不可逆，这让区块链立法处于被动地位。虽然区块链立法比较困难，因为整个领域有很多乱象，立法问题迫在眉睫。目前，在区块链技术初级阶段，一些国家已经制定了比较多的法律规范，值得借鉴。

区块链立法可以借鉴哪些国家

日本、美国实际上并没有专门针对区块链这一项技术立法，而是在原有的法律中增加了区块链内容；而澳大利亚、马耳他等国家则是采取了专项立法模式，尤其是澳大利亚的区块链立法，给一些国家提供了很好的思路。澳大利亚的区块链法律系统相对完整，在律法中明确规定了区块链产业的数字货币交易所、ICO应该怎么管的问题，和比特币的交税问题；新加坡、瑞士等国家主要是对用区块链技术进行融资的行为做出了很多规定。

欧盟等国家，对区块链的立法态度比较消极，以避免扼杀人们的创新思维。欧盟的立法者们认为，现在尚未全面透彻地了解区块链技术的用途，因此整个行业的监管应该由市场决定。但是，区块链的监管，并不应该只依赖市场，还需要从下面三个方面入手：

第一，对通证进行定性，根据通证的性质来进行监管。

第二，从数字货币交易所监管入手，发放相应合法的牌照，打击违法的交易所，规范整个数字货币市场。

第三，监管沙盒，对创新内容充分包容，保持区块链行业的活力。

区块链立法，既要给赋能实体经济的项目留有足够的发展空间，又要采取严厉的监管措施，坚决打击违法犯罪行为，保障整个行业的有序发展。

拓展
知识点

数字货币的征税

探讨区块链立法时，绕不开数字货币征税这个话题。对加密数字货币定义的性质不同，收取的税收也会不同。比如，中国定义加密数字货币是虚拟商品，而美国则定义为虚拟资产，澳大利亚则是将其定义为外国货币。

对加密数字货币征税，是比较困难的。在数字货币税收方面，日本出台了《资金结算法》，在法案中承认了"虚拟货币"为法定支付手段，不会再额外收取消费税。但是，这一政策并不适用于中国。中国禁止各金融机构和非银行支付机构直接或间接为代币发行融资，和为虚拟货币提供账户开立、登记、交易、清算等服务。如今，有些国家已制定了加密货币的税收政策，中国尚未见这方面的政策出台。

第五章
常见的区块链认识误区

误区 1：区块链 = 炒币

从区块链概念诞生以来，各种数字货币，如比特币、以太币、狗狗币、莱特币等层出不穷，吸引了众多人参与投资，"炒币"的概念应运而生。

很多人只要一提起炒币，马上就想到了区块链。只要有企业说要做区块链，下意识地就认为企业要发币，从而让人们形成了这样一种印象：研究区块链，就是为了炒币。那么，区块链是炒币吗？它们有什么区别？

不法分子打着区块链技术的幌子发币炒币

很多不法分子声称自己研发了区块链技术，然后去发行数字货币，吸引大量认识有误且感兴趣的人投资，导致大量的人上当受骗。例如：

1. 发行"区块链 + 宠物"的虚拟货币

2019 年 8 月份，警方立案调查了一个名为"比特猪"的区块链宠物理财骗局，如图 5-1 所示。有一天，王女士在理财直播间看到一款名为"比特猪"的区块链理财产品，宣称可以获得很高的收益。于是，王女士投资了 14 万元，最后却发现这是一个骗局。有很多直播间打着"区块链 + 宠物 = 高收益"的幌子，行诈骗之实。

图 5-1 区块链宠物理财骗局

2. 以央行的名义发币炒币

听到数字货币是央行发布的，是不是很多人都会放下心，然后进行投资？最后的结果，只能是上当受骗。

"DCEPAPI"的网站推出了一款名为"全新加密电子货币体系"，声称有中国人民银行背书，可以获得高收益，吸引人们投资。它称："人民银行 DC/EP 不直接对公众发行，人民银行先把 DCEP 兑换给商业银行或者是其他金融机构，再由这些机构兑换给公众……DC/EP 就中国人民银行正在研发的数字货币。"

接着，中国人民银行就进行了辟谣。11 月 13 日中国人民银行发布公告明确指出："人民银行未发行法定数字货币（DC/EP），也未授权任何资产交易平台进行交易。人民银行从 2014 年开始研究法定数字货币，目前仍处于研究测试过程中。"

人们很难想象，竟然会有机构冒用中国人民银行的名义炒币诈骗。这些机构就是利用了人们认知的"区块链 = 炒币"心理，进行非法集资、诈骗等行为。

炒币，炒的到底是什么

我们经常说"区块链炒币"，那么，在人们的印象中，炒币到底炒的是什么呢？根据调查发现，常见的观点有下面三种。

观点一：炒币，炒的是技术。

微信"三点钟社群"是体现"炒币，炒的是技术"这一观点的顶峰。在这一微信群中，拥有众多名人，如360董事长周鸿祎、红杉资本沈南鹏、天使投资人蔡文胜等。区块链技术正式展现在人们的眼前，360解决了区块链安全的问题，V神靠着分片技术拯救了ETH，百度、阿里、腾讯相继发布了"区块链试验品"。"区块链"这一名词，被人们广泛熟知。

观点二：炒币就是赚钱。

这一观点的典型代表是薛蛮子和郭宏才，并依靠此赚取了大量的金钱。例如，薛蛮子参与各种ICO，获取收益。郭宏才发布了二宝币，价值也在不断攀升。

观点三：炒币，炒的是信仰。

很多人并不了解区块链，也没有大数据。因此，在投资的时候，依靠的是自己的第六感。比如，他们坚信，区块链会朝着某个风险发展，或者，这个数字货币一定会升值等。

区块链应用不只是用来炒币

区块链是比特币的底层技术，比特币、以太币、莱特币等都是基于区块链技术产生的应用。或者可以这样说，这些加密数字货币，是区块链的一种产物和奖励。但是，我们并不能用数字货币来等同于区块链，区块链的作用也不仅仅是用来发放数字货币。

我们可以举一个简单的例子：

一个池塘里养了很多鱼，这些鱼非常美味，引得人们争相来垂钓。但是，我们不能说，鱼就是这个池塘。因为，池塘里除了有鱼外，还可以有虾、螃蟹、水草等。

区块链同样如此，它除了产生数字货币外，还有着非常广阔的应用前景。这一点，我们在第三章中讲过。

**拓　展
知 识 点**

在中国炒币犯法吗？

在讨论这个问题前，我们需要从两个方面来理解。

第一，虚拟货币交换合法，但是大量交易是违法的。

首先，我们需要先弄清楚"炒币"的概念。所谓的"炒币"，就是通过频繁交易虚拟货币，获得大量收益。

在中国，持有虚拟财产和互相交换是合法的，偶尔进行一两次交易，也是被法律允许的。但是，以交易虚拟货币为职业，从中获得高额抽成和佣金（也可以称为交易所得）等行为，是被法律禁止的。

例如，很多交易如天使币、珍宝币、马克币、吉祥币等数字货币，在中国都是违法的。这些所谓的数字货币更像是"传销币"，通过拉人头不断发展下线来获利。甚至，在这种公司上班的员工，都会面临法律的问责。

这些"传销币"，只是打着区块链技术的旗号，与真实的区块链原理相差甚远。它们并没有获得国家的认可，无法登上正规交易平台。

第二，即使是合法的虚拟货币交易，依然不受法律保护。

2019年3月，成都一家法院民三庭审理了一起"因委托投资买卖虚拟货币"而引发的纠纷。案件的过程是这样的：

2018年7月份，聂某认识了秦某，得知秦某购买国外的"狮子币"赚了很多钱。于是，聂某委托秦某帮其购买"狮子币"进行理财。在秦某的帮助下，聂某注册了"狮子链"，并购买了2000个狮子币。结果，没多久，2000个狮子币因为市场贬值而变得一文不值。聂某很生气，于是与秦某发生争执，并将秦某告上了法院，要求归还本金。

法院的审理结果为：非法债务不受法律保护。

"狮子币"是一种虚拟货币，根据中国人民银行等部门发布的通知：虚拟货币不是当局发行，不是真正意义上的货币，因此交易不受法律保护。

投资者在投资数字货币时，需要保持清醒的头脑，不要被打着区块链旗号的高收益所迷惑。

2

误区 2：区块链就是一种技术

"区块链就是一种技术"这个概念，存在于很多人的认知中。其实，这个认知是错误的。

区块链是一个新的技术组合

区块链并不是单纯的一种技术，而是一个系列的技术组合。在这个组合中，关键技术包含了 P2P 动态组网、点对点通信、密码学、共享账本、共识机制、智能合约、区块链数据结构等。

这个组合，是一种模式的创新，它摆脱了中心化的特质，形成了一种去中心化、基于博弈的自治体系。区块链技术，就是一种拥有去中心化特质的，基于共识机制的开放协作模式。

区块链是一门系统学科

在了解区块链技术之前，首先我们要摆正心态。区块链技术并不是某些特殊思想的乌托邦，也不是某些不法分子的敛财工具，它是一门科学家和工程师都在研究的系统工程，是有益于人类发展的。现在，我国已经将区块链技术作为国家战略发展重点，用以优化各行业的流程和基础设施，如图 5-2 所示。

图 5-2 国家战略发展重点

在整个区块链系统中，包含了多种学科，如：涉及数学的有加密算法，涉及社会学的有 P2P 网络，涉及传播学的有共识机制和治理，涉及管理学的有智能合约，涉及经济学的有 Token······从整体上看，它跨越了多个学科和领域，是一种复合型前沿技术，其复杂的原理，可以为社会带来更多的发展。

区块链重在"链"，改变了人类协作模式

我们在理解的时候，需要在"链"上下功夫。它通过"链"改变了传统的人类协作模式，让弱协作变成了一种强协作。在工作时，强协作的工作效率比弱协作的工作效率要高很多。

例如，强协作的代表是古代军队里的 100 个士兵，弱协作的代表是某个城镇的 100 个平民。若是两方面对同一波敌人，士兵的打仗效率和号令统一会比平民高得多。这是因为，士兵之中有一个中心点"将军"，会颁发各种奖励机制和惩罚措施，防止士兵逃跑和鼓励士兵作战。而那些平民，并没有这个中心点，也没有各种约束条理，所以他们之间的协作就比较弱。

我们会发现，将"将军—士兵"的模式应用在现代公司中，同样也会促成强协作关系。比如，业绩好的收益多，业绩差的收益少。为了拿到更多的奖金，所有员工都会努力工作。公司为员工提供了一个信任中心：老板。但是，如果老板无法给员工提供相应的奖金，甚至连工资都发不出来，那这种信任马上就会消失。

这种模式下，士兵和员工可以进行强协作。但是，一旦中心节点（将军、老板）"作恶"，失去了信任，这种中心化的信任机制，马上就会坍塌。

区块链的"链"，恰好解决了这个问题，它是通过引入通证来正向或反向激励社区成员进行工作。通过"链"，所有成员都可以达成一种共识，从而无需中心节点的激励和监督，很难有人能做到为自己的利益而去损害所有人的利益。

例如，比特币挖矿，在对矿工引入通证后，所有人都会积极产生与发现内容，从而得到正向激励。一旦有矿工想要私自修改自己的比特币数量，就会破坏整个生态，受到所有人的惩罚。这种惩罚，就是一种反向激励。在比特币网络上，所有成员的身份都可以看作是"股东"，从而营造了一个透明的规则，即使没有中心节点，两个陌生人之间依然可以产生信任。

通过对区块链的不断探索，不仅可以颠覆传统的公司制度和协作模式，而且在不断探索创新后，还能将人们的做事动机变得简单，通过经济力量来引导人们去主动做一些事情，从而，让原本的博弈关系变成强协作关系。

3

误区 3：区块链上的数据是绝对真实安全的

基于区块链的共识机制，很多人认为区块链上的数据是绝对真实安全的。于是，区块链高举高度安全的大旗，进入公众视线，似乎它可以摒除原有网络中的所有安全性问题。

但是，在信息通信产业中，并没有绝对的安全。在讨论这个问题前，我们先来看下区块链上的数据安全是如何保障的。

区块链是如何保护用户数据的

区块链是分布式网络，所有的数据会被分成小块分布在整个网络中，每个节点都有完整的分类副账本，每个用户都可以下载所有的区块链数据。即使其中有一个人或一小部分人试图修改数据，因其他成员那里会有完整的交易记录，数据无法统一，修改就会作废。

区块链上的数据都是被加密的，除用户自身外，任何人都无权对数据进行访问。因此，在区块链上，篡改数据的事件几乎不可能发生。当然，区块链也会被攻击。但是，因为每个交易都需要经过区块链网络上多个节点的确认，而同时攻击多个节点，需要超级算力和比较长的时间，会远远超出攻击成本。在"弊大于利"的情况下，没有黑客愿意做这种事情。

安全是有限度的

在高攻击成本的前提下，区块链网络是安全的。但是，当利益足够打动人心时，就会有黑客去攻击区块链的安全防线。例如，在2010年比特币刚诞生时，1万个比特币只能兑换一个披萨，这时候不会有人为了几个比特币费心费力去翻越安全围墙。但是，今天的比特币经历了初期的疯长后，兑换价格稳定在 6000 多美元，足够吸引黑客为此去冒险。

在信息通信产业的发展历程中，我们可以发现，所有网络的安全防御都有一定的限度，总会出现漏洞。而这些漏洞，就是黑客们攻击的重点。

区块链数据技术可以让数据根据时间顺序进行上链存储，并确保它无法被修改撤销。作为账本技术，它拥有强大的优势。但是，对于区块链系统无法识别的内容，技术方面可能出现漏洞。

例如，若是将区块链技术应用在版权问题上，同一个内容，谁第一次上传，系统便会判定版权属于谁，并且无法更改。但是，内容逻辑是否清楚，是否基于事实，系统就无法进行判断了。如，你输入的内容是"螃蟹是往前走的"。区块链系统只能判断用户输入的内容方式没有错误，无法判断内容是否有问题。

所以说，世界上并没有绝对真实和安全的技术。即使区块链本身的去中心化特点，能够在大多数情况下防止他人篡改，但是我们对其安全性依然不能掉以轻心。

区块链数据有被篡改的可能性吗

区块链并不是绝对不可篡改的，只是难度大而已。我们先来看看篡改的难度，如图5-3。

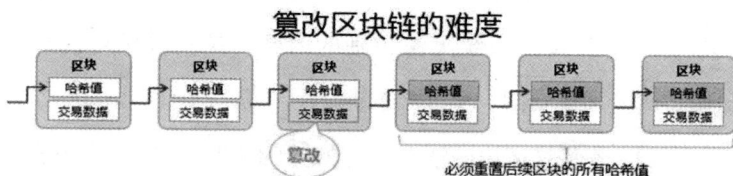

图5-3 篡改的难度

我们知道，区块链采用的是多点分布、数据一致的分布式记账技术。要想更改数据，不仅需要巨大的计算力成本，而且需要在短时间内黑掉一半以上（51%）的节点，才能实现更改数据。

在区块链中，有一个概念为"51%攻击"，就是如果有51%的用户同意更改数据，那么，区块链就无法继续保持不可篡改的特性。

举一个简单的例子，有一个微信群拥有500人，没有人可以去篡改微信群的历史聊天记录。但是，如果微信群中的251

个人都统一行动，将聊天记录修改成另一个新的版本，并且指出剩下的 249 个人的那个聊天记录是假的。那么，新的聊天记录将会以 251 人的为准。这就是 51% 攻击。

面对区块链技术中成千上万的节点，要黑掉其中的 51%，这技术难度绝对不小。但这也并不意味着绝对不能篡改。因为现有的区块链网络中，每个节点的安全防护能力并不相同。于是，攻击者便可以利用网络拓扑结构，用少量资源去小范围地攻击。最后，破坏整个系统的安全性与稳定性。

区块链技术防伪靠谱吗

2018 年 4 月，有多位消费者在京东自营上购买到了假茅台酒。调查发现，货品是第三方物流公司在运往各地京东仓库的时候被掉包了。这一事件，推翻了京东之前推出的区块链溯源功能。

区块链的溯源功能其实是存在的，只是难于防伪。溯源是针对于链上的数据，但是在整个线上线下各个环节，并不能杜绝人为参与。若是整个过程不能排除中间人为环节，区块链溯源链条会一直存在漏洞。

区块链为何能防伪比特币

比特币和京东自营的茅台酒不同，它本身就是区块链的一种产物，从产生到交易，一直存在于链上，并不经过第三方。也就是说，比特币网络是一个封闭的纯数字系统，所有数据都是在数据库中运转。所以，区块链才能对比特币进行防伪。

对于区块链防伪，我们可以这样理解，它可以确保已经上传到链上的数据不被篡改，但是不能确保所记录和存储的数据是真实的。

拓 展
知 识 点

区块链落地项目：看"步步鸡"如何打破农产品信任围墙

虽然，目前区块链溯源还存在一些漏洞，但是，我们并不能否认其在存储数据方面的优势。我们要做的是，去解决源头数据的真实性。关于源头防伪的工作，区块链工作者正在努力研发，比如已经医用的"步步鸡"系统。

"步步鸡"是众安科技公司推出的一款区块链养鸡系统。公司在养鸡场铺设了大量的物联传感设备，然后给每一只鸡都配带上唯一的物联网身份证——鸡牌。物联传感设备可以自动收集鸡的运动、位置、饮食情况，以及养殖场的温度、湿度、

188

污染物和土壤指标等数据，并实时上传到区块链中。下面是编号 0000028900 近半年的步数记录和一天的运动轨迹，如图 5-4 所示。

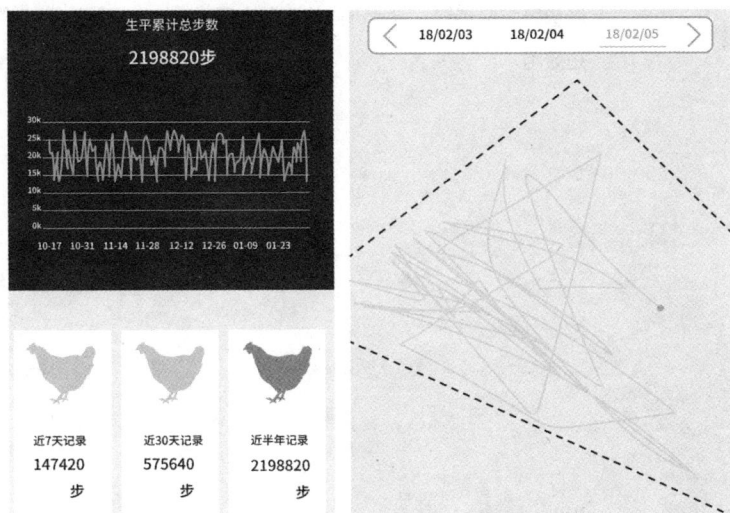

图 5-4 步数记录和运动轨迹

区块链上所有的数据，都是来源于鸡身上的鸡牌。一旦鸡牌被拆卸，就会立刻被销毁，从源头上保证了数据的真实性。

在区块链网络中，只要企业在终端规定了所有命令的唯一真实性，然后不断根据供应链上不同环节的参与者的生产数据进行上传和校验，并引入第三方机构进行检测和评估，就能从源头上杜绝人为篡改数据的可能性。

现在的区块链技术水平还无法杜绝假货，但是却可以增加造假成本，压缩假货的利润，使得假货没有那么猖獗。在未来，区块链继续增强溯源防伪功能，就需要建设更加完善的生态圈，包括企业、政府、质检部门等都参与其中，让政府、质检部门来实现数据的监控和验证工作。同时，针对不同的商品对应的区块链溯源场景，设计不同的溯源方案，才能发挥区块链的真正效用。

4

误区 4：区块链能够彻底消除欺诈

2019 年，全球最大啤酒制造商百威推出了首个区块链数字广告供应链应用——KIIP，通过以太坊的区块链来记录和跟踪数据，防止移动广告欺诈问题。于是，区块链技术能够提高行业透明度、杜绝欺诈的认知深入人心。但是，纵观目前区块链技术应用的发展，我们可以发现，区块链欺诈事件依然存在。

区块链可以降低欺诈的发生概率

区块链其实就是一个共享的、不可篡改的数据库。在理想状态下，这个数据库的所有交易记录都需要得到其他矿工的验证，并且有明确的时间戳，没有人可以修改数据。这让区块链具有了反欺诈的能力。它改变了传统交易流程，去掉了"中间商"，有效地防止数字货币产生的欺诈行为，从而大大降低了欺诈事件的发生概率。

但是，这并不意味着区块链技术能够消除所有欺诈事件。区块链技术还处在发展初级阶段，野蛮生长现象刚刚结束，技术仍然需要优化，监管法则也同样需要完善。例如，人们经常讨论的数字货币。若是以数字货币为支付手段，交易需要获得所有人确认，欺诈事件就很难发生。但是，就目前而言，数字货币并没有广泛获得承认，无法成为日常支付手段，也就无法发挥区块链技术防欺诈的最大效用。

区块链防欺诈作用，还曾被应用到疫苗溯源防伪中，但是并没有取得很好的效果。

疫苗上链：易溯源，难防伪

在"长生疫苗"事件曝光后，疫苗上链的呼声越来越高。事实上，在疫苗领域应用区块链技术，早在 2016 年 3 月就被专业人士提了出来。疫苗区块链，主要表现在两个方面：疫苗溯源和疫苗防伪。

疫苗传统的追溯做法，是对每一支疫苗进行编号，然后记录档案。但是，这个编号很容易被假冒。而且，每年全国需要的疫苗数量巨大，会对编号系统造成非常大的压力。还有一个重要的问题是，即使编号已经被记录，依然有被篡改和删除的风险。

将疫苗的数据上传到区块链上后，可以满足药品溯源的需求。但是，溯源并不一定可以做到防伪。区块链只能检控已经上传的疫苗数据，但是，无法杜绝实体端的疫苗作假行为。因此，还需要更完善操作层面的细节。区块链可以确保疫苗识别码不会被篡改，但是无法确保识别码是真的，也无法确保瓶子里的疫苗是真品。

联盟链：还在发展初级阶段

在第三章中，我们曾经介绍过"联盟链"这个概念，不过是应用在食品安全方面。若是将其应用在疫苗领域，依然可以取得有效效果。也就是说，将会由整个行业来主导整个疫苗上链。疫苗联盟链的成员，是由监管、制药企业、供应链、分销方、医院和患者共同组成的，既可以让监管部门拥有监管权，也可以让所有查询者拥有查询权，并且还拥有区块链溯源、防篡改的优势。

虽然联盟链的优点很多，但是就目前而言，采用这种方式上链，医药企业将需要花费大量成本去改造探头设备。若初期依然需要使用人力来录入数据，那么，冒用、篡改等情况依然无法被杜绝。

无论是选择联盟链和公链，在区块链技术完善的前提下，都可以解决疫苗数据存伪的问题。所有人都可以参与，并且进行匿名举报、奖励举报，减少对线下复杂互联网设备的依赖。只是，现在区块链技术还不成熟，且大众对区块链复杂的代码表现形式还难以理解，在实施的过程中便会出现各种问题，导致欺诈事件发生。

区块链造假事件还多发生于数据刷量上。在人们的认知中，区块链具有不可篡改的特性，那链上的所有数据肯定都是真的，人们无法实行数据造假行为。事实证明，数据刷量是存在的。

区块链造假——数据刷量

2019 年，知名调查机构 Bitwise 发表了一项研究报告。在报告中称，95% 的比特币现货交易量是由交易平台伪造的，有约 50 家交易平台进行了比特币交易刷量。这与比特币无法篡改的特性相矛盾。

在以前的研究中，比特币被认为是"纯净交易平台"，不可能会有刷量的现象产生。但事实证明，当下交易平台却是刷量的重灾区。除此之外，"DApp"也存在刷量行为。

知名创投研究机构 CBInsights 曾报道：在 2019 年第一季度，DApp 机器人大约制造了 600 万美元的交易额。而在 EOS 交易中，75% 的交易量都是刷出来的，其他公链刷量行为比 EOS 更加严重。

区块链技术不完善，是目前欺诈和造假行为发生的主要原因。随着区块链技术逐渐成熟，就可能杜绝欺诈和造假事件的发生。

5

误区 5：智能合约等于完美合约

　　相对于传统合约，基于区块链的智能合约拥有更多的优势，尤其是"去中间商"的特点，用户可以直接进行交易。当用户之间出现了纠纷，智能合约会自动处理，不需要耗费用户的时间和精力。基于区块链的特点，人们认为智能合约是一个完美合约。然而，现在的智能合约还存在着漏洞，给很多用户造成了经济损失。

The DAO 事件

2016 年 6 月，黑客攻击了 DAO 代码中的漏洞，导致 5000 万美元的损失。智能合约的安全问题，开始显露端倪。虽然智能合约可以为人们提供诸多便利，但当它存在漏洞时，黑客会利用漏洞进行攻击，系统并不能判定其违反了合约。

出现这种事情的原因在于，智能合约并没有完全排除人为因素，它是基于区块链来实现的，而区块链的编程代码仍然需要人为设计。即使程序员并不存在主观恶意问题，在编写大量代码的过程中，也不可能保证毫无破绽。

美链 BEC 合约事件

2018 年 4 月，美链 BEC 加密货币遭受黑客攻击，被盗走了大量的 BEC，引发了用户的疯狂抛售，价值暴跌，最终被交易平台下架。BEC 漏洞，本质上是一个算法上下溢出的漏洞。它的原理是，当合约提供提款或是转账功能时，需要操作余额地址。若是余额操作没有使用 SafeMath，攻击者就可以利用漏洞，将转账的金额设置为 0，转出金额设置为非常大的数值。从而导致合约凭空产生了很多的 Token，或者黑客凭空从合约中提取了很多余额。

除了 DAO 事件和 BEC 合约事件外，智能合约的安全事件还发生过多起。例如，Parity 多签名钱包事件，导致了 1.8 亿多美元的损失。以太坊智能合约中，就存在了编程 Solidity 漏洞、以太坊虚拟机错误和编译器错误等安全隐患。

智能合约缺乏灵活性

一旦将智能合约上传到区块链后，用户就只能进行查阅，而无法再做出任何更改。即使双方都想要终止合约，也无法进行更改。这使得智能合约缺乏一定的灵活性，在执行的过程中，只能听命于事先设定好的代码，而不能考虑缔约双方的真实意愿。比如，当有一方操纵失误或有了更好的选择，代码并不能给用户提供更好的替代方案。这意味着，在某些方面，智能合约并没有那么"智能"。

相对于智能合约，传统合同具有更多自由裁量的空间，当缔约双方遇到不可抗力的事件，如地震、战争等，当事人履约能力降低，合约会自动终止。

智能合约的目的，是为了约束双方可以顺利完成某件事情。而且，因为其不可更改的特性，可能会出现与现实法律对接困难的情况。传统合约需要依靠具有公信力的第三方进行裁决，智能合约则是完全依靠计算机代码设定的程序，实现缔约方的验证和执行。一旦代码无法准确表达语意的多义性和当事人的意思，那整个智能合约可能会朝着不可预估的方向发展。

智能合约能否取代"合约"

现在的智能合约宣称自己可以替代法律概念上的"合约"。通过对二者进行对比，我们可以发现这个说法是错误的。

"合约"广泛应用于生活中，只要双方意见能够达成一致，合约就能够顺利进行。而智能合约，我们在上面讲过，它缺乏一定的灵活性，更适用于特定的场景。智能合约的功能比较单一，适合应用在大量重复性运作的场景中。

简单地举个例子，智能合约相对于合约，就像是机器人与人类的对比。人类可以根据当下情况和自身需求去改变策略，灵活适应环境，而机器人只能做代码设定好的动作，没有自己的思维，无法根据环境选择最优解。

所以，智能合约并不能完全取代"合约"，即使区块链发展成熟后，它也只能替代一部分"合约"。因为并不是所有的人类活动都可以通过代码编程实现的。

"智能合约"完整的订立步骤

虽然智能合约并不能取代传统合约，但是我们也不需要去完全否定它的优势。智能合约，是区块链实现信任的必要条件。那么，我们怎样去订立一个智能合约呢？

第一步，双方进行谈判、讨论，商议合约的具体内容。

第二步，内容约定好后，就可以用编程脚本语言编写脚本，将内容以程序的方式表现出来。

第三步，原权益方开启自己的权属，将区块链货币按照约定加密，实现权属的转移。当然，货币并不能直接进入新权益方的账户，需要获取权益方上传的"钥匙"。

第四步，获取"钥匙"后，新权益方才能满足预设的开启条件，用特定的"钥匙"打开"锁"，编程脚本自动运行，双方才能真正履行智能合约。

6

误区 6：区块链适合存储大量数据

很多人认为，区块链适合存储大量数据。即不论是交易记录、文字、图片、视频和文件等都可以上传到区块链上，每个人都可以随时下载完整的数据。但是，研究表明，目前的区块链系统并不适合存储大量数据。

目前，整个存储领域主要有桌面级存储、企业级存储、云存储和区块链存储四种。从最简单的桌面存储到云存储，是数据可靠性不断提高的过程。当单块硬盘遇到瓶颈，就用多块硬盘，从单个服务器到多个服务器，存储的数据越来越多，数据也越来越安全。现在，发展到区块链存储时，则引入了"节点"的概念，不再依靠中央服务器，而是将数据存储到全球上千万个节点上，每个节点都可以下载完整的数据，进一步提高了数据的可靠性。但是，在不断增加节点的过程中，很容易降低整个区块链的效率，如图 5-5 所示。

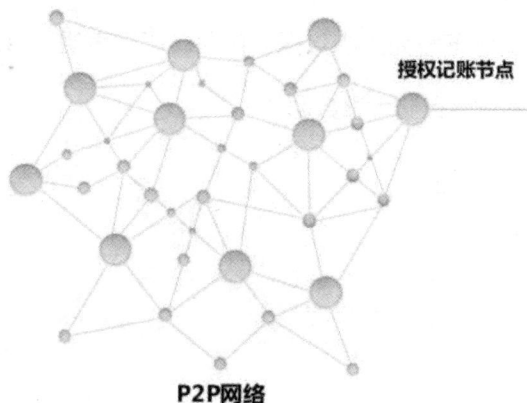

图 5-5 区块链的效率

节点越多，效率越慢

现在，区块链数据在快速增长，因为无法删除数据，使得节点的存储负担越来越重。以比特币为例，全球比特币数据超过 200GB，并且还在不断增长。如果用户启动一个全量节点时，以 10M/s 的速度下载，需要 6 个小时才能完成数据同步，若是以 1M/s 的速度下载则需要 60 个小时。

区块链上每个节点都有整个数据的完整副本，这虽然可以保证数据的安全性。但是，当存储的是大文件，如视频、图片时，那么节点上累积的数据会成倍增长，节点处理起来会非常困难，导致效率低下。同时，也会增加经济成本。

所以说，区块链可以存储数据，但是，并不适合存储大数据。因此，像是大型的数据文件，开发公司会将其先存储在别的地方，然后再将数据的地址存储在区块链上，用户直接使用地址访问即可。

节点数据越多，耗能越大

区块链网络中，每个区块都需要矿工进行彻底验证和挖掘，每个矿工都是一个节点。随着区块链网络的增长，每个节点需要验证的区块也不断增加。每一个节点都需要一台超级计算能力的计算机来挖掘区块链。当节点增多后，造成的能源消耗就会不断增多。我们需要在区块链上创建一个新条目"Miner"的实体，去解决这个非常复杂的数学问题。

有一个夸张的说法，据说比特币使用的电能可以为整个冰岛供电。虽然有些夸张，但是足以表明区块链的耗能在不断增加。需要说明的是，比特币网络只保留了交易记录，每一笔交易记录并不会占据太大的存储空间。

若是将上传的交易记录改成比较大的图片或者视频，相同的数量，数据会变得大得多。那么，节点在处理时，需要花费更多的能量处理。对区块链而言，弊大于利。

区块链扩展有难度

区块链的去中心化，是指任意节点具有相同的权利和义务，整个系统由所有节点来共同维护。因此，系统中的每个节点都需要对等交易数据进行全量计算和存储。这就导致系统的总体性会受到单个节点性能上限的限制，从而导致区块链扩展很困难。

事实上，可扩展性是传统分布式系统的特点，去中心化的区块链并不具有。即使不断增加节点，依然无法改变无法扩展这个特性。

7

误区 7：区块链可以应用于全行业

区块链技术现在非常火，甚至有人认为这是第四次工业革命。无论是大企业还是小公司，都一致想要发展区块链。然而，区块链并不能应用于全行业。

区块链不是万能的

现在的区块链技术，并不能兼顾安全、去中心化和性能三个方面，在手续费、Tps（电子数据处理系统）、扩展性等方面都存在着不同的问题。例如，Tps 相对于中心化机构，存在着效率低、成本高的问题。

对于区块链，我们不能一味否定，也不能一味地推崇。现在，区块链只是一个处在初期发展阶段的新技术，它虽然可以颠覆传统行业模式，但是并不能用于全部的生活领域。因为，就目前的区块链技术而言，并不能解决所有的信任问题。

区块链不能实现的信任

对企业而言，想要使用区块链技术，首先要确定本身想要利用区块链解决什么样的问题。提到区块链，我们首先想到的就是区块链的去中心化可以解决信任问题，通过技术手段和机制，建立了点对点的信任关系。一般表现在两个阶段：

1.对链上数据的历史行为是否为真实的信任

因为区块链的不可篡改特性，保证了链上所有历史数据都具有真实性。这一点，在以往是不可想象的。传统的信任关系，往往需要多个具有权威性的第三方机构共同证明，才能让陌生人相信，某个行为确实发生过。

2. 对以规则和机制为约束的未来行为的信任

区块链 1.0 时代，主要是对代码为表征的机制的信任。区块链 2.0 时代，主要是对代码为表征的智能合约的信任。即在机制和智能合约的共同作用下，所有规则和代码都会提前公开，允许代码在本地进行编译和运行。

但是，现在的区块链依然有不能实现的信任。例如，区块链系统不能实现对行为主体的信任评价和信用评估。即区块链只能实现记录功能，但不能去主观判断。不管是在现实生活中，还是在数字时间，人们都可以基于行为主体的历史行为和当前事件的属性，来进行全面的评价信任。区块链则更适用于单一维度信任的业务场景。

区块链不适用的行业

1. 需要集中管控或授权的行业

某些需要集中管控或授权的行业，具有中心化的特点，并不适用于区块链。例如，销售商需要获取品牌商的授权才能售卖产品，销售商和品牌商之间并不是平等的，那么就不能应用区块链系统。或者，销售商具有唯一的订单系统，何时发货只能由你一个人决定，也不适用于区块链。

2. 传统数据库工作良好的行业

区块链发展的过程中，传统数据存储也在不断升级。对一些使用传统数据库依然可以良好运行的行业而言，并不需要迫切地用区块链替代。尤其是对那些处理流程虽然是分布的，但是信息存储是中心化的行业而言，使用传统数据库也可以满足需求，同时还能够节省成本。

3. 应用成本高的行业

现在区块链技术并不成熟，正处在不断探索的阶段，贸然引用很可能造成不必要的成本浪费。

例如，某一家汽车公司引入区块链技术进行配件溯源和防伪，可以使已经建立关系的用户、生产商和供应商受益，随时查看配件的详细资料。但是对新客户而言，可能会涉及系统体系、储藏、工作方式等多方面的变更，需要投入更多的时间和金钱，得不偿失。

第六章
未来已来，
区块链的机遇与挑战

全球大佬如何看区块链

近几年，区块链异军突起，在资本市场中受到了极大的关注与重视，尤其在经历混乱时期之后，成了众多大佬关注的焦点。他们都是如何看待区块链技术的？

2018 年年初，Facebook 创始人扎克伯格在 Facebook 主页中发布了一篇主题为"个人年度挑战"的文章。他表示，自己对加密技术和虚拟加密货币产生了深入了解的兴趣，并打算研究这两大因素在 Facebook 中的应用。不止扎克伯格一人，很多资本巨头对区块链技术及其应用也有着不同的看法和观点。总体来看，众多资本巨头对区块链技术都抱有看好的态度。

徐小平：all in 区块链

2018 年 1 月 9 日，真格基金创始人徐小平在微博中回应了内部分享外泄一事。从内部分享内容截图上看，徐小平对区块链的发展持积极态度。他表示："区块链革命已经到来，这是一场顺之者昌，逆之者亡的伟大技术革命。它对传统的颠覆，将会比互联网、移动互联网更加迅猛彻底。"

徐小平呼吁创业者行动起来，在立足于自身业务的同时，对区块链和 ICO 进行了解与领会，鼓励大家拥抱区块链革命、学习区块链技术，进入区块链时代。

同时，他再次强调了区块链革命的重要性，并表示任何一个新技术浪潮到来时，能够屹立不倒的还是那些提供实用技术和产品、创造使用价值的人和企业。

就像互联网革命时，某些人提出的"水泥加鼠标"的说法，鼠标代表互联网，水泥代表实际价值。只有"鼠标"而没有"水泥"的企业，没有一个能够成功。区块链到来之后，徐小平提出了一个"水泥加链条"的说法，并表示只有"链条"而没有"水泥"的企业也会重蹈覆辙。

姚劲波：区块链有可能和互联网一样伟大

58同城创始人兼CEO姚劲波曾直言："区块链可能和互联网一样伟大，这可能是一个比人工智能还有颠覆性的历史机遇。"他表示，区块链和人工智能也有所区别，人工智能还是一项过去的技术应用，而区块链带有去中心化和去中介的特性，存在去除大部分中介的能力，能够让整个社会有一个低成本的运作。

姚劲波在一次采访中表示，自己很早就开始留意区块链，不过一直没有行动，2018年3月份才开始探讨并招募人才成立了部门，对区块链的长远发展很是看好。同时，姚劲波呼吁大家不要发币，也不要被发币的人影响，期待区块链出现真正好的业务。

李开复：区块链代表着未来的技术

2018 年 8 月在由教育部、创新工场、北京大学联合主办的 DeeCamp 人工智能训练营中，李开复在回答"区块链和人工智能哪个比较好"的问题时，反映出对区块链的发展保持积极态度。

李开复说："人工智能确定是会改变世界的，但区块链是有比较大的可能性，在未来的一段时间里面改变这个世界。"并表示，自己对两者都比较看好，但由于一个是已知的，一个是未知的，无法将两者做出比较。

马云：区块链技术不是泡沫

马云讲述了身边的一个事：一位蚂蚁金服工程师的相亲简历上，职业一栏填写的是写代码的码农，没有女生表示对他有兴趣。但他将职业改成"区块链工程师"之后，一下子收到了几百封求爱信。马云说："区块链是热门词，首先我觉得区块链不是泡沫，今天的比特币才是泡沫；区块链只是一个很小的底层技术，区块链对于阿里巴巴来说，它是一种解决方案，解决在进入数据时代的隐私和安全问题的方案。"

在 2018 年举办的第二届世界智能大会上，马云针对区块链发表了自己的看法，他认为区块链能够为社会创造价值。从整体发言看，马云对区块链技术持有积极的态度。

马化腾：区块链是一个好的技术

马化腾曾在朋友圈转发了张首晟教授关于"区块链"的文章，对区块链技术做出了肯定。他表示，"区块链还处在发展的早期，需要建立有效的应用模式，腾讯也在积极探索区块链在各个场景中的应用。"

2018年9月5日，马化腾在第十二届泛珠三角区域合作与发展论坛与粤港澳大湾区高峰对话活动上发表了讲话，一如既往地对区块链充满信心。马化腾认为，区块链在应用场景中具有多元化的特点，基于粤港澳大湾区的数字化基础，他列出了"利用区块链电子发票解决虚假发票"等例子，同时针对大湾区的自身优势，给出了区块链发展的诸多方向。

马化腾还明确表示，腾讯针对区块链并没有发币意向。他对于将区块链技术做成数字货币ICO呈拒绝态度。他认为这是一件非常有风险的事。

在贵阳数博会上，马化腾就茅台酒防伪问题，再一次对区块链做出肯定。他表示，未来基于云端、融合了区块链技术的联网防伪方式，要比传统的方式更为有效。

值得一提的是，对于由区块链技术衍生出的数字虚拟货币，商业巨头们各执一词，分为支持和反对两派。有人推荐进行虚拟货币的投资，并大胆预测其具有较大的升值空间；也有人对其持反对态度，认为虚拟货币是一场欺诈，对虚拟货币的投资是一种不理智的行为。

热衷于区块链技术的投资巨头薛蛮子在微博中写道："很多人写信问我瑞波币是不是还可以去买。老实说，我推荐瑞波币就是看到一个高频刚需的痛点与一个牛逼的团队。"并表示对瑞波币的涨幅趋势感到惊讶，虽然无法预测瑞波币的未来，但依然看好其发展。

以太币的联合创始人 Steven Nerayoff 同样对区块链虚拟货币表示支持，虽然以太币的市值有所波动，但他仍对其抱有十分乐观的态度，还曾发表了以太币即将取代比特币的言论。

但股神巴菲特却认为区块链虚拟货币只是一个空中楼阁。在比特币的市值有着令人惊叹的大幅度攀升时，巴菲特并未将其作为投资项目。早在 2014 年，比特币的价值还未令人咂舌时，巴菲特就表示："离它远点，基本上，这只是一个海市蜃楼。在我看来，说其具有巨大的内在价值只是个笑话。"

花旗 CEO 考伯特也对区块链虚拟货币表示反对，他认为比特币带来的威胁会促使国家发行数字货币。考伯特表示，比特币的基础，区块链技术非常有价值，但比特币投机性比较大。

2

区块链发展的十大趋势

2018 年 5 月 29 日，中国信通院云设计与大数据研究所所长何宝宏在第三届中国国际大数据产业博览会之区块链与社会治理专场上，针对全球区块链的发展趋势做了重要发言。何宝宏表示：区块链有十大发展趋势。

趋势 1：区块链技术会在不断更新中走向大融合

何宝宏认为，核心技术的组建可以延伸为两个方面：一方面是存储的发展方向会由单一键值数据库走向融合 IPFS、关系型数据库、分布式数据库等多方向。存储也会从单一的共识机制演变为多类混合的共识机制。另一方面，对其他生态环境而言，经过底层技术性处理，区块链与云计算的融合能够实现服务定制化、多样化，而且公有链和联盟链存在进一步融合，实现优势互补的趋势。

趋势 2：区块链产业发展加速，由虚拟产业走向实体产业

何宝宏认为区块链应处于 2.0 时代，仍以平台 + 智能合约为主，而不能强行进入 3.0 或 4.0 时代。区块链技术虽然有了一定的提升，但仍达不到大规模商用的需求。以前区块链产业主要集中在虚拟资产或虚拟货币方面，如今进程不断加速，重心逐渐向医疗、司法、能源等方面偏移。

趋势3：区块链跨链互联愈发重要

一个个区块链就像是独立的个体，但随着应用场景的逐渐增多，尤其是与现实世界结合度的不断提高，链接协同操作日益频繁，而跨链技术的突破是其发展的关键。

跨链和侧链技术对实现价值网络传递、区块链向外拓展和连接，能够起到至关重要的作用。已知的跨链技术有公证人机制、侧链 / 中继、分布式私钥等。

趋势4：区块链标准化工作提速，各国争夺标准制定权

据何宝宏介绍，一些标准化组织，包括 IEEE、ITU-T、ISO/TC 307、R3CEV、W3C，目前有 8 万多个的区块链项目，但只有 8% 存在维护现象，寿命极短。快速的兴起与衰亡，缺乏统一的标准，会成为区块链技术创新和项目应用搭建的阻碍。

对于全球区块链标准制定权的竞争，欧洲国家和亚太国家占得先机，而美国依靠其技术优势，稳扎稳打，呈现出群雄并起之势。

趋势 5：区块链隐私保护机制多样化

区块链目前有环签名、多重签名、混合器、零知识证明、同态加密等隐私保护机制。寻找与实体经济相结合，且适合商业场景的隐私保护算法，是未来区块链发展的必经之路。

趋势 6：区块链安全问题得到重视

据雷锋网 AI 金融了解："2017 年到 2018 年，全球范围内因区块链安全实践造成的损失多达 28.64 亿美元，尤其 2017 年开始呈现指数上升趋势，仅 2018 年以来，损失金额达到 19 亿美元。"何宝宏表示，在交易可追溯、代码漏洞、密码算法等方面的技术，还需要不断地更新与突破。

趋势 7：区块链知识产权竞争日趋激烈，专利布局得到扩展

何宝宏表示，近年来中国的专利申请数量逐渐上升。2017 年中国专利申请数量已经位于全球首位。申请专利主要以企业为主，而区块链区别于云计算、大数据具有主导性企业申请的

现象，为个人申请专利提供了更多的机会。

趋势 8：区块链市场宣传角逐可预期，让商业回归充分竞争状况

区块链企业团队成员技术人员偏少，而市场需求非常大，需要招募更多商业、垂直行业的专家等。而区块链自媒体周边服务正在加速形成，会形成围绕区块链的新的格局。

趋势 9：区块链引发政策监管问题，但二者相辅相成

区块链技术是一把双刃剑，由于技术产生的问题需要依靠技术解决，所以，用区块链监管区块链是一个用技术治理技术的方式，就像金融领域的监管科技一样。

趋势 10：区块链人才成为其发展的关键

何宝宏表示，全球对区块链人才的需求量从 2015 年到 2017 年增长了 19 倍，但从事区块链行业的人才比例在整个系统中占比非常低。所以，这方面人才的需求量非常大。

3

当前中国的区块链现状

区块链技术兴起，中国作为区块链研究的先驱，超过美国，确立了作为全球领导者的地位。目前中国对区块链技术的支持主要体现在三个层面，即中国政府、各省和具体企业。其中政策支持我们前面讲过，下面主要从多个维度来介绍企业对区块链技术的积极推动。

企业布局区块链现状

区块链如此火爆，自然少不了以 BAT 为代表的国内互联网巨头们的布局。互联网巨头在区块链行业中的布局情况如表 6-1 所示。

表 6-1 互联网巨头区块链布局

公司	区块链布局
阿里巴巴	2016 年 7 月，蚂蚁金服将区块链技术首先应用于支付宝爱心捐赠平台，后又延展到互助保险的应用。10 月，阿里与微软、小蚁、法大大等合作开发"法链"，推出基于阿里云平台的邮箱存证产品，通过在法链上备份的电子邮件和云服务，阿里将使中国法院能够大规模地采用数字数据邮件。2017 年 3 月 25 日，阿里巴巴和普华永道将应用区块链共同打造透明可追溯的跨境食品供应链，搭建更为安全的食品市场。8 月，阿里健康与江苏常州市合作推出我国首个基于医疗场景的区块链应用——"医联体+区块链"试点项目。10 月，蚂蚁金服 CTO 程立在蚂蚁金服金融科技开发峰会上首度披露未来的技术布局——"BASIC"战略，其中的 B 对应的就是区块链（Blockchain），同时，技术实验室宣布开放区块链技术，支持进口食品安全溯源、商品正品溯源等，第一个落地场景将是海外奶粉品牌的追踪，先是产自澳洲、新西兰的 26 个品牌的奶粉。
腾讯	2017 年 4 月，腾讯发布区块链方案白皮书，旨在打造区块链生态。同时，腾讯的区块链行业解决方案也于官方网站正式发布。10 月份加入中国区块链研究所。
百度	2017 年 8 月，百度金融发行了个人消费汽车租赁债权 ABS 项目，是国内首单以区块链技术作为底层技术支持，实现底层资产从 Pre-ABS 模式放款到存续期还款、逾期及交易等全流程的数据实时上链跟踪。2017 年，百度上线区块链开放平台 BaaS，2018 年 1 月 12 日百度宣布已经支撑了超过 500 亿元资产的真实性问题，成功应用于信贷、资产证券化、资产交易所等业务。
京东	资产登记：2017 年 3 月，京东金融推出基于区块链技术的资产云工厂底层资产管理系统，帮助消费金融公司落地到京东金融资产云。溯源防伪：2017 年 6 月，京东集团宣布成立"京东品质溯源防伪联盟"。12 月 14 日，京东搭建安全食品区块链溯源联盟，通过区块链技术提供供应链实时溯源服务。
360	2018 年 1 月 8 日，360 宣布推出共享云计划，此外，360 还将发布一款 360 共享云路由器和 360 共享云 APP 产品，主要应用于带宽、存储资源运营。360 金融也宣布成立区块链研究中心。
迅雷	推出基于区块链的玩客云共享计算生态、CDN 共享经济，并发行代币玩客币（现已改名链克，停止内地转账功能）

资料来源：前瞻产业研究院整理

区块链技术创新现状

自 2014 年起，全球区块链专利申请数量不断攀升，中国区块链专利申请数量在全球占比逐年升高，2018 年占比超八成。如图 6-1 所示。

2019年中国区块链专利申请数量全球领先

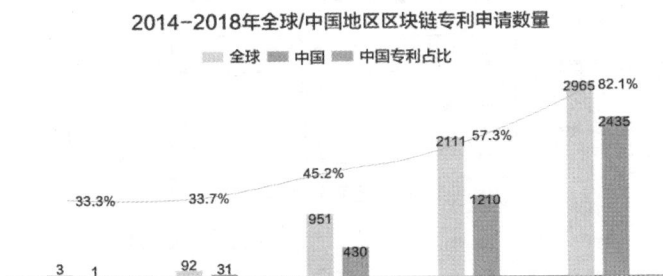

2014-2018年全球/中国地区区块链专利申请数量

全球　中国　中国专利占比

图 6-1 全球区块链专利申请数量不断攀升

区块链专利数量方面，阿里巴巴是世界领先的企业之一，区块链专利全球第一，如表6-2所示。

表6-2 互联网巨头申请区块链专利数量

全球区块链专利企业排行榜		
排名	公司名	数量
1	阿里巴巴	90
2	IBM	89
3	MasterCard	80
4	Bank of America	53
5	中国人民银行	44
6	Nchain	43
7	Coinplug	41
8	腾讯科技	40
9	复杂美科技	39
10	唯链	38
11	Accenture	37
12	瑞卓喜投	36
13	中国联合网络通信	34
14	布比北京网络	33
15	云象网络	31
16	轱辘车联数据	31
17	达闼科技	31
18	中链科技	30
19	通付盾科技	30
20	金融壹账通	30

该公司还创建了一个基于区块链的物流系统，可以跟踪生产细节、运输方式、海关、商检和第三方验证等信息。

区块链企业新增数量现状

自 2014 年始，主营区块链业务的公司数量开始增多，2016
年新增公司数量出现大幅度提高。由于区块链概念的快速普及，
以及技术的逐步成熟，很多创业者涌入了这个领域，在 2018 年
达到了区块链创业的一个高峰，新成立的公司高达 299 家。如
图 6-2 所示。

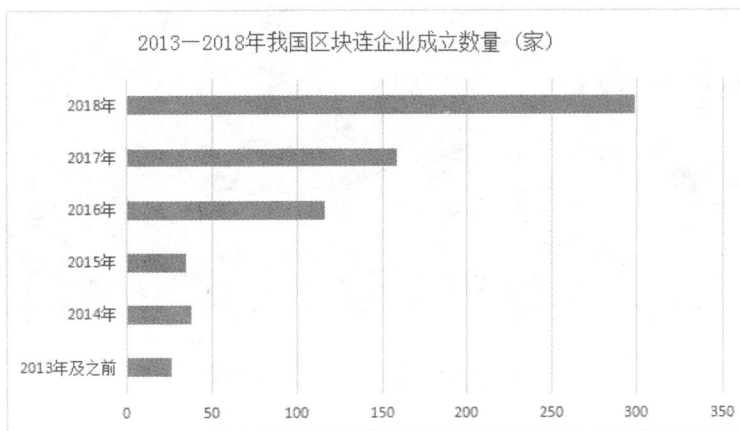

2013—2018年我国区块连企业成立数量（家）

图 6-2 我国区块链新成立企业

数据来源：中商产业研究院

区块链人才需求与供给现状

区块链行业的异军突起使该行业的人才需求剧增。相关数据表明，全球区块链的人才需求量从 2015 年开始增长，在 2018 年第一季度达到顶峰。而从 2018 年第四季度开始，区块链人才需求的增长速度有明显的放缓趋势，如图 6-3 所示。

图 6-3 全球区块链的人才需求量

其中，北京、上海、深圳、杭州等城市的人才需求比较旺盛。2019 年，腾讯新增区块链相关岗位 21 个，百度新增 8 个，阿里巴巴集团社招官网也新增了 34 个区块链相关岗位需求。

区块链行业招聘的岗位集中在技术开发、产品、运营和市场等领域，其中 42% 以上的岗位集中在技术开发领域；15% 以上的岗位需求集中在产品和运营等领域，销售类仅占 2%，如图 6-4 所示。

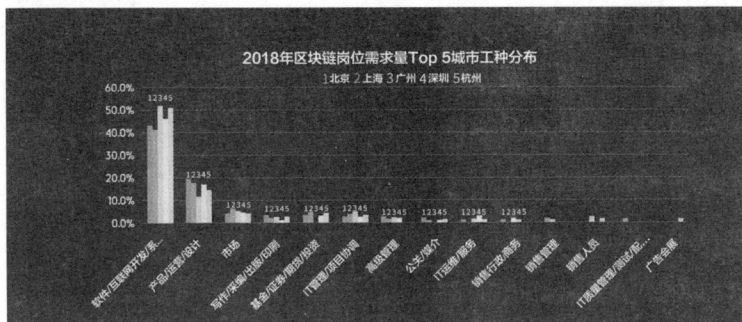

2018年区块链岗位需求量Top 5城市工种分布
1 北京 2 上海 3 广州 4 深圳 5 杭州

图 6-4 区块链行业招聘的岗位

就行业而言，互联网、游戏、软件、金融行业成了招聘的主阵地，如图 6-5 所示。

2018年招聘区块链岗位企业所属行业分布

行业	比例
互联网/游戏/软件	76.90%
金融	10.60%
电子/通讯/硬件	3.10%
广告/传媒/教育/文化	2.60%
服务/外包/中介	2.20%
制药/医疗	1.10%
房地产/建筑/物业	0.80%
消费品	0.80%
能源/化工/环保	0.80%
交通/贸易/物流	0.50%
其他	0.60%

数据来源：猎聘网

图 6-5 岗位行业分布

就区块链人才而言，本科学历占 62.4%，硕士及以上占 27.8%，本科以下仅占 9.8%。且从业者平均年龄为 30.2 岁，70.6% 的从业者年龄在 25～30 岁，如图 6-6 所示。

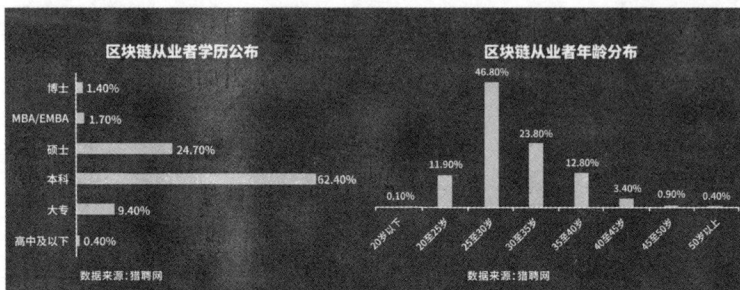

图 6-6 从业者学历和年龄分布

在诸多岗位中，技术类人才的占比最多，达 65.7%；其次是产品、运营和项目管理人才，占比分别为：4.7%、4.5% 和 4.4%。软件工程师高居榜首，架构师、产品经理等紧随其后，如图 6-7 所示。

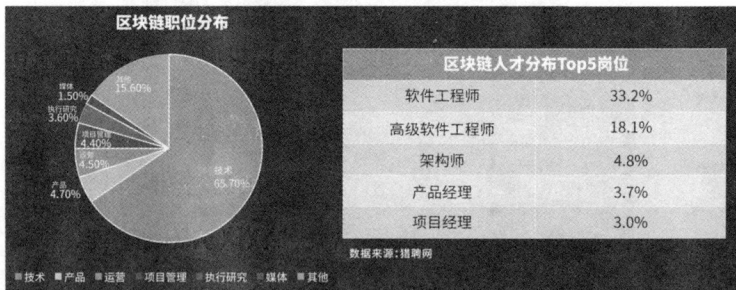

图 6-7 岗位分布

区块链人才薪酬现状

区块链人才的平均薪资接近互联网行业的两倍，如图6-8所示。

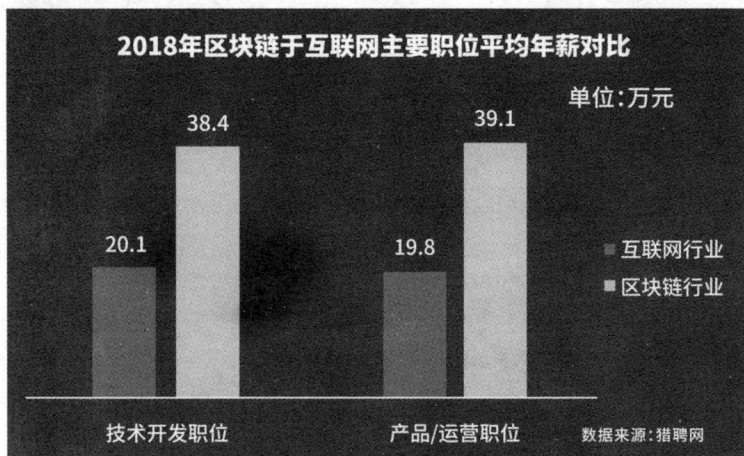

图6-8 区块链人才的平均薪资

区块链热门职业包括CTO、开发工程师、产品经理和区块链专家等。根据科锐国际预测数据显示，区块链CTO平均年薪在80万～200万元，区块链专家平均年薪范围为50万～100万元，而区块链研发工程师和产品经理的年薪范围均在30万～80万元。热门职业跳槽薪资平均涨幅32.5%，如图6-9所示。

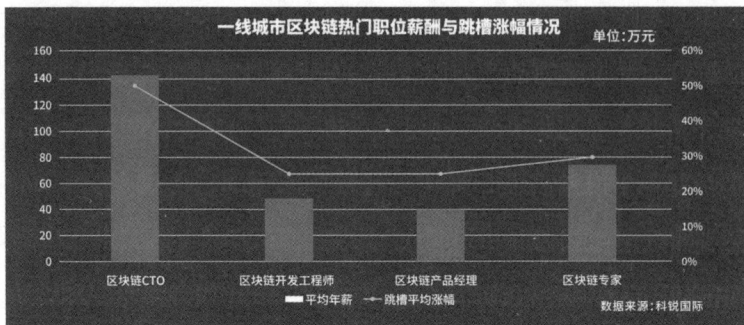

图 6-9 区块链行业的热门职业

就地区而言，北京以平均薪资 35.69 万元位列第一，杭州紧随其后，如图 6-10 所示。

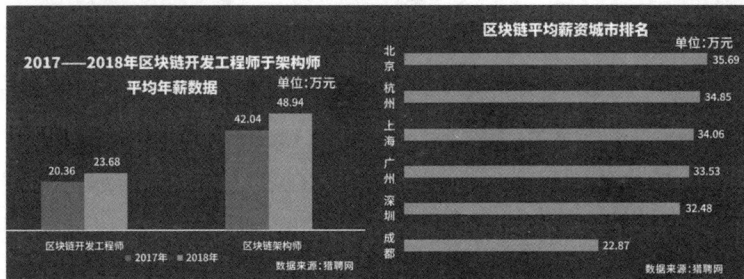

图 6-10 地区的区块链薪资

相较于世界水平，中国仍存在一定的差距。世界区块链开发者薪酬最高的地区是美国的旧金湾区，中国一线城市位列第六，如图 6-11 所示。

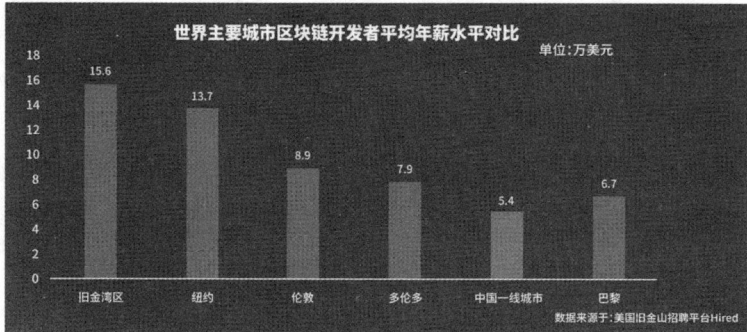

世界主要城市区块链开发者平均年薪水平对比
单位:万美元

图 6-11 全球区块链从业者薪资水平

中国知名的区块链联盟

中国分布式总账基础协议联盟（ChinaLedger）是中国最具影响力的区块链联盟，成立于 2016 年 4 月，联盟秘书处设立在万向集团旗下的万向区块链实验室。其成员包括中证机构间报价系统股份有限公司、中钞信用卡产业发展有限公司、北京智能卡技术研究院、浙江股权交易中心、深圳招银前海金融资产交易中心、厦门国际金融资产交易中心等 11 家机构。

中国区块链研究联盟（CBRA），它于 2016 年 1 月 5 日由全球共享金融 100 人论坛（GSF100）发起并在北京正式成立。其成员包括中国万向控股有限公司、厦门国际金融技术有限公司、中国保险资产管理业协会、营口银行股份有限公司等机构。

金融区块链合作联盟（简称金联盟）成立于2019年6月，汇集了微众银行、京东金融、华生、恒生电子等31家金融机构。

中国区块链的初步监管框架

就国家出台的区块链相关监管政策来看，中国区块链初步监管框架基本形成。中国人民银行、互联网金融风险专项整治工作领导小组办公室和中国互联网金融协会负责监管虚拟货币等活动；工信部负责监管区块链技术标准的制定；区块链信息服务备案管理由网信办负责，如图6-12所示。

图 6-12 区块链主要监管部门

资料来源：零壹智库

区块链面临的安全威胁和挑战

　　区块链技术作为一种跨行业、跨领域的新兴技术，已经在金融、医疗、物联网等领域掀起了应用热潮。随着其应用的落地，安全问题也逐步凸显，加之安全标准的缺失，区块链技术面临的威胁和挑战主要体现在哪些方面呢？

区块链安全事故频发

目前区块链技术存在着一些安全风险，可能在应用过程中造成一定的安全问题。近年来，区块链安全事件频发，造成了重大的经济损失。如图 6-13、6-14 所示。

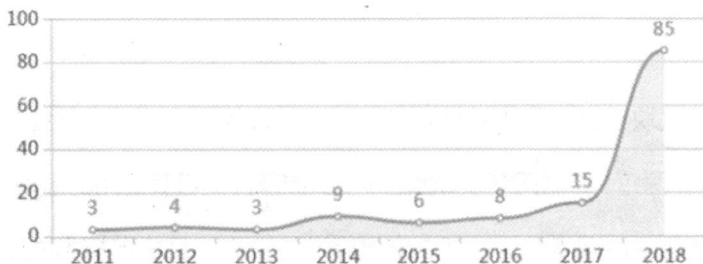

图 6-13 重大安全事件数量统计（数据来源于 BCSEC）

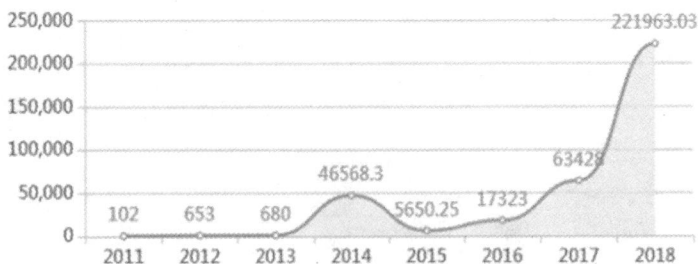

图 6-14 安全事件造成的经济损失趋势（万美元）（数据来源于 BCSEC）

2018 年全球区块链领域发生的安全事件已有近百起，损失高达 20 亿美元。比特币的底层技术区块链面临着来自数据层、网络层、共识层等方面的安全风险，发生安全事故的场所也从最初的交易所、钱包，到各种 Dapp、DeFi 平台。攻击手段层出不穷，黑客攻击、钓鱼攻击、恶意代码植入等。区块链世界无时无刻都在进行着以用户资产为中心的安全攻防战。

行业里曾出现过颇具影响力的风险事件

2018 年 1 月，日本大型数字货币交易所 Coincheck 遭黑客攻击，平台上价值超过 5.34 亿美元的 NEM（新经币）被非法转移。

2018 年 2 月 11 日，意大利加密货币交易所 BitGrail 被攻击，价值 1.7 亿美元的加密货币 NANO 被盗。

2018 年 4 月 22 日，BeautyChain 合约出现重大漏洞，黑客通过合约的批量转账方无限生成代币，导致 BEC 价值几乎归零。

2018 年 9 月 20 日，日本数字货币交易所 Zaif 宣布遭受黑客攻击，损失 5967 万美元。其中 1959 万美元属于该交易所自有资金，其余 4007 万美元属于客户资金。

可见，区块链安全问题不容忽视。

现阶段的区块链应用正面临攻击者的哪些威胁

当下，区块链面临的攻击威胁主要表现在三个方面：针对协议的攻击、针对用户的攻击和针对平台的攻击。

（1）针对协议的攻击

区块链，其本质是一条不断增长的存证与记录的账本链条，在运行过程中，需要添加多层协议，比如，在缘由的协议上，增加智能合约新层级。但是，协议层级越多，暴露的安全风险点就会越多，黑客攻击的漏洞也会越多。

（2）针对用户的攻击

很多时候，用户的行为是不可控的。因此，用户更容易成为黑客攻击的主要对象。在传统网络中，黑客们经常会利用网络钓鱼、恶意软件、字典攻击等手段，只要用户点击，就会丧失对电脑的控制权。

针对区块链用户，黑客们选择了在主机中植入木马程序。比如，一款名为"ComboJack"的木马程序，一旦被植入用户主机，就会随时监控用户的 Windows 剪贴簿。因为用户交易比特币时，使用的是加密货币的钱包地址，这些地址非常复杂，很难每个都背下来。因此，用户都会复制到 Windows 剪贴簿上，需要时直接复制粘贴即可。当主机被植入 ComboJack 木马程序后，用户的钱包地址被篡改为黑客自己的钱包地址。用户上传加密货币时，就会遭受拦截。

（3）针对平台的攻击

近几年，区块链平台遭受攻击的事件愈发频繁。例如，有安全人员发现 EOS 平台上存在着大量的高危漏洞。黑客通过这些漏洞，可以在 EOS 节点上远程执行任意代码，从而控制 EOS 上所有的节点。

黑客对区块链平台发动攻击，能够给平台造成重大损失。例如，著名的 Mt.Gox 攻击事件。在 2011 ～ 2014 年，黑客们攻击比特币交易平台，导致价值 4.5 亿美金的比特币被盗，直接导致 Mt.Gox 公司被清盘关闭。

区块链的安全目标

区块链系统的安全目标是通过密码和网络安全等技术手段，对区块链系统中的数据安全、共识安全、隐私安全、智能合约安全和内容安全进行保护。各安全目标之间的关系如图 6-15 所示：

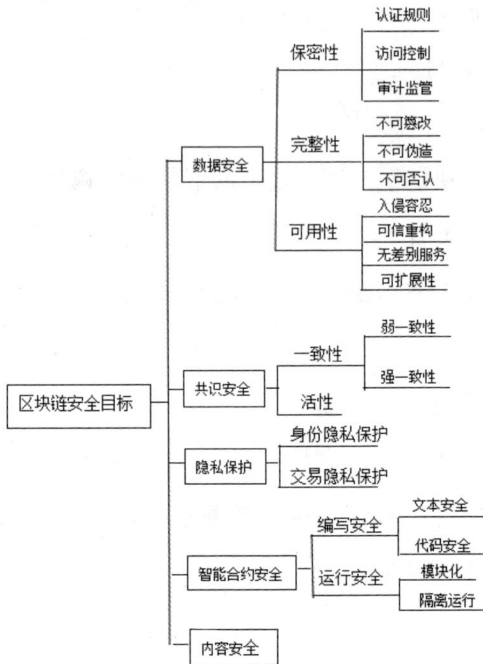

图 6-15 各安全目标之间的关系

其中，数据安全是区块链的重中之重。数据安全指的是，区块链作为一个中心化的存储系统，对其包含的交易、用户信息、智能合约代码和执行中间状态等海量数据进行保护。数据安全的实现分为保密性、完整性和可用性三个方面。

保密性是指对用户访问数据的行为进行限制，想要实现对数据进行相应的操作需要拥有相应的权限。信息不能被未授权的用户知晓和使用。

完整性是指用户未经授权或者利用不法手段无法更改区块链系统中的任何数据。简单地说，就是用户发布的交易信息不可随意篡改和伪造。

可用性是指有权限的用户可在任何时间访问和使用该数据。

共识安全是支撑起区块链数据安全的一道重要屏障，具有一致性和活性的特点。一致性指的是当区块链上的交易已经完成并记录时，交易数据就无法被更改，如果网络中的某一节点在区块链上完成连接，就无法撤开原有区块链，与新的区块链产生联系。活性指的是由诚实节点产生的合法数据，如提交的合法交易，正确执行的智能合约中间状态变量、结果等，将被记录在区块链上。

隐私保护是指对用户身份信息等用户不愿公开的敏感信息的保护。身份隐私保护是指未授权的节点无法获取有关用户的任何信息，也无法使用技术手段对其进行追踪。交易隐私保护是指非授权的节点无法查看交易本身的数据信息。

智能合约安全分为编写安全和运行安全。编写安全是指开发人员在进行智能合约编写之前，需要依据实际功能对合约文本进行设计和完善，避开因合约文本错误导致智能合约执行异常的失误。同时，为保证合约代码与合约文本的一致性，开发人员需要使用安全且成熟的语言，按照合约文本进行编写，避免代码编译后出现漏洞。运行安全是指当智能合约在执行中出现漏洞或被攻击的情况时，无法对节点本地系统的设备产生冲击，也无法影响调用该合约的其他合约或程序的执行。

内容安全要求区块链上传播和存储的数据内容符合道德规范与法律要求，避免不良或非法信息将区块链作为传播渠道，确保区块链中信息数据的正面性。

5

5G 与区块链结合，会产生什么样的化学反应

　　2019 年 5G 已经在我国的部分城市进行商用推广，预计在 2020 年全面推广。若当下风头正劲的 5G，遇到另一个热词"区块链"，会碰撞出怎样的火花？

神奇的 5G 并非万能

5G 是指第五代移动通信系统，也是最新一代的通信技术。相比 4G，5G 的传输速率更高，通讯延时更少，网络覆盖更广。据有关资料显示，从理论上讲，5G 的网速可以达到 4G 的 100 倍以上，如图 6-16。

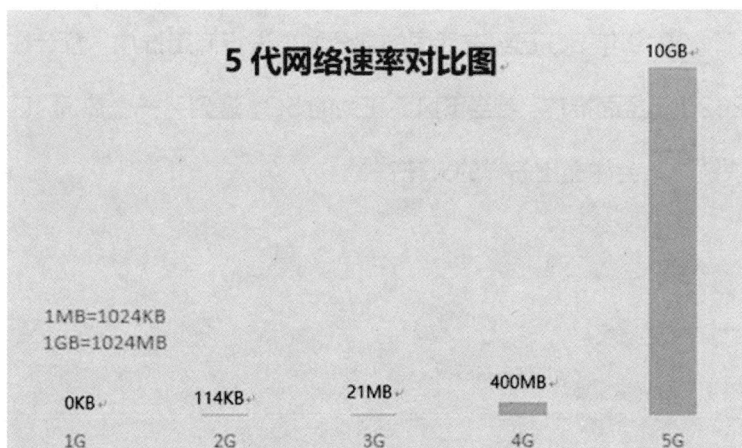

5 代网络速率对比图

				10GB

1MB=1024KB
1GB=1024MB

0KB	114KB	21MB	400MB	
1G	2G	3G	4G	5G

图 6-16　5G 网络速率对比图

5G 技术的诞生，对大数据时代的发展进程有着不容忽视的作用。信息输入与传递的速度更快，信息更加复杂和全面，会产生不可估量的信息数据。然而，对 5G 来说，作为一项底层通信技术，依旧无法在用户隐私信息安全、线上交易信任确立等领域有所建树。于是，网络安全又一次摆在了人们眼前，而针对这种情况，部分国家的电信运营商选择使用区块链技术解决5G 移动通信系统的隐私、安全、信任等问题。

5G 时代的到来，使数据井喷式产生，而如何更好地保管和使用自己的数据成了我们关注的重点。区块链的加密性等特点，能够保证信息的私密性，还能将不断壮大的数据赋予新的价值。试想一下，如果我们的数据只能由自己管理，当其他人想要查询或使用时，需要得到我们的授权，并为此支付一定的费用，那岂不是一件很有成就感的事。

5G + 区块链带动物联网的高速发展

专家们很早就注意到了物联网的潜力。然而，物联网的发展却受到了两个方面的限制：安全和容量。与此同时，一个高速、低延迟的网络对物联网来说更是如虎添翼。

随着 5G 网络的引入，物联网设备就能获得更加广泛的应用。5G 的高速和低延迟能够解决物联网的底层需求，虽然打破了阻碍物联网发展的主要瓶颈之一，但恶意设备对网络进行攻击、众多互联设备之间的支付和交易数量的增加等对物联网安全构成威胁的因素依然存在。

而这些威胁因素都有望通过区块链来解决。分散式区块链不仅可作为底层协议，能够处理物联网设备之间的交易和智能合约条件所带来的麻烦，还能使物联网设备的身份得到保护。而且区块链的不可篡改性保障了这些庞大的信息在传输中的安全，其匿名性又保证了用户的隐私安全。

　　5G 推动了物联网的发展，而区块链提供的信息安全保障又能为 5G 和物联网保驾护航，两者相结合，会使物联网迈上新台阶。

5G + 区块链促进智慧城市的发展

　　智慧城市包括分别面向政府、市民和产业的智慧治理、智慧民生、智慧经济三大板块，涵盖了智慧政务、智慧环保、智慧交通、智慧生活等数十个场景，是一个非常大的产业范畴。

图 6-17 智慧城市

物联网和地理信息系统是支撑起智慧城市的主要技术，而这两大产业链都需要 5G 网络以及其衍生出的传感器网络、行业应用程序等作为基础，而区块链技术对城市生活的改善起到了引领作用。因此，走在科技前沿的 5G 移动物联网等，使新型智慧城市的建设和运营水平有了显著的提升。

2019 年 4 月，区块链＋5G 智慧停车场正式在广州市黄埔区面世，解决了停车排队、停车难等问题。

从技术层面看，这些停车场利用 5G ＋区块链技术，构建了一个完整的个人信用服务系统。停车场能够凭借区块链技术，对停泊车辆拥有者的身份和信用进行管理，建立了基于车辆及车主的信用分制度，一旦车主被监测到存在违规行为，将被扣除相应的信用分。

从用户层面看，车主可以通过相应的手机 App 查看当前停车场的车位、排队状况，提前进行预约，方便出行。

当区块链电子发票普及之后，5G＋区块链智慧停车场体现出 5G＋区块链技术对智慧城市发展的促进作用。但智慧城市场景的实现仍需要多种技术的综合运用，物联网、区块链、5G 技术、云计算等都将是不可或缺的技术。

区块链与 5G 的新鲜结合：5G 链网

2019 年 9 月 7 日，在中国 5G 链网产业创新峰会上，一个全新的概念"5G 链网"被提出。行业翘楚齐聚南京江北新区研创园，探讨"5G 链网"未来的发展方向。

中国联通网络技术研究院首席科学家唐雄燕对"5G 链网"作出了说明："5G 链网是以区块链作为底层协议的全新 5G 网络信息空间构架，在这个架构中，5G 和区块链不是简单的相加关系，而是相乘关系。"

清华大学互联网产业研究院副院长王晓辉认为，"5G 链网"本质上就是 5G＋区块链，并针对"5G 链网"会改变人们的生活做出解释："因为食品供应链通常有原材料生产商、加工商、运输商、分销商、消费者等多个环节，各个环节间因为信息不对称导致商品来源分辨困难，众多参与者都直接或间接地影响食品的生产与运输。而区块链技术具备的可追溯性和不可篡改性，为食品溯源机制的完善提供了可能性。"

峰会上很多行业大咖都对"5G 技术可以加速区块链应用落地，区块链技术也会给 5G 应用带来新思路"这一观点表示认同。

6

区块链与 AI 结合，会有怎样的潜力

在区块链家喻户晓之前，最火的当属人工智能（AI）了。当人机界限被突破，人工智能不仅仅是一个工具，更是一扇跨界合作的门。如果区块链与人工智能（AI）相结合呢？又会迸发出什么样的潜力？

区块链和 AI（人工智能）是为了解决不同问题而开发出来的技术。其中，区块链源自分布式计算和密码学的研究，从 2009 年比特币面世之后才成为一个独立的技术领域；而 AI 的历史更加悠久，"远"可以追溯到古希腊时期的亚里士多德，"近"则以 1958 年的达特茅斯会议作为开端。2010 年前后深度神经网络的表现又掀起了新一波人工智能的热潮。

人工智能先驱约翰·麦卡锡对人工智能做出了定义，简单来说，人工智能就是"制造智能机器的科学和工程"，以设计制造具有人类部分认知能力的机器为目的。不过，智能的定义是一个极其复杂的问题，业内通常将智能看作是一种通过学习，不断改变自身或外界条件从而适应环境的能力。

作为当下最热门的两大技术，区块链和 AI 被越来越多的人放在一起比较。而两者融合发展的可能性也是人们最为关注的话题。那么，当区块链遇上 AI 会产生什么样的"化学反应"呢？

AI 技术遭遇的数据瓶颈

2016 年 12 月 29 日，人工智能在围棋界掀起了巨大的波澜。升级版的 AlphaGo（围棋智能机器人）用了短短一个月的时间在弈城网，分别击败了柯洁（九段）、朴廷桓（九段）、陈耀华（九段）等众多围棋高手，取得了 50 胜 0 负的惊人战绩，如图 6-18。

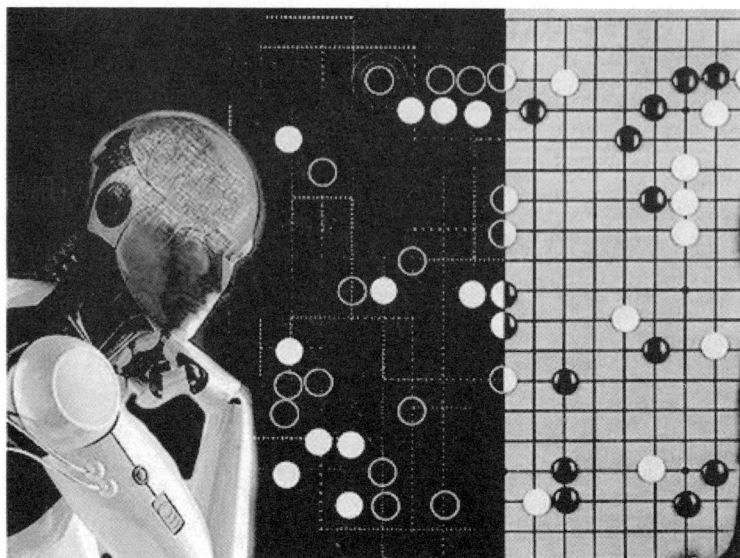

图 6-18 升级版的 AlphaGo

相关专业人士认为，设计"AlphaGo"的难点在于没有足够的数据支持。就围棋而言，AlphaGo 只需要积累数据即可，不需要太多的外界输入。但在医疗领域下，想要训练出"AlphaGo"的目标就十分困难，因为没有足够多的案例可供使用从而完成训练。想要在类似领域完成"AlphaGo"就需要外界给予足够的输入和配合。

目前，阻碍 AI 技术发展的一大因素就是获取数据困难。英国的一份 AI 工业报告指出，训练一个模型大概需要 1 万英镑，而深度网络训练所需费用更加昂贵。因此，基本上一半以上的人工智能公司都存在可用算力不足的情况。

在高度数字化的今天，数据源并不缺乏，但数据分享的渠道却是阻碍重重。在大多数应用场景下，数据产生和数据分析归属不同的利益方，除了搜索引擎、安防、电子商务等少数领域，AI 企业并不能直接获得数据来源，而只能选择与数据提供方合作来获取数据。这样一来，数据共享就成了人们心中的一个美好愿景。

因此，很多人对于人工智能领域的看法，会将数据和应用作为侧重点，而忽略技术，但并非技术不重要，而是数据的获取往往更具难度。造成这种局面最关键的因素就是无法保证数据提供方在共享数据之后能够共享利益。

而 AI 技术应用的最大弊端，在于不可信的程序会盗用我们的个人数据。比如，当我们使用手机来进行衣食住行等活动时，不可信的 App 会非法采集我们的个人数据；智能家居充当着管家、打扫卫生的角色，但不可信的系统会为入侵者窥视打开窗口。

区块链帮助人工智能实现数据共享

区块链能够通过数据访问的记录来设置权限。其作用在于，既能对盗用数据的人进行追责，又能为数据交互和共享提供便利。

对人工智能公司而言，区块链消除了人工智能公司获取数据的额外成本。以自动驾驶汽车为例，我们不需要再要求算法提供商等去收集数据，而是将每一辆车都作为收集数据的工具。

像 Uber、滴滴等企业都拥有交通拥堵分析的业务，而这种业务需要很精确的数据，比如，拥堵路段、拥堵原因等。这种场景就需要依赖参与者的数据，比如，行驶道路上的摄像头数据、车辆的传感器数据等。收集的数据可以交给算力平台处理，通过运行应用商发布的合约去运算数据，输出分析结果供应用商使用。在这个过程中，区块链就实现了多方数据交换的协同运算。

区块链技术解决人工智能的三个核心问题

（1）提升人工智能的生产效率

区块链的去中心化模式能够使底层算法、数据模型实现共享，可以帮助人工智能行业提高生产效率。

（2）解决大数据与隐私的矛盾

人工智能中的核心算法、人工神经网络的训练、自适应算法、遗传算法等都需要大数据在背后支撑。而区块链能够凭借智能合约技术，对共享资源进行合约管理。虽然共享了数据和算法，但通过合同的形式保证了安全。

（3）构建机器人世界的法律

利用区块链技术为人工智能创建出一个完善的法律系统，基于区块链不可篡改的特性，利用智能合约等技术，设计一套适合机器人，以区块链为基础构建的限制体系，这个体系将给予机器人应得的权利以及应有的制约。

AI 和区块链相互协作的三种方式

（1）AI 和加密，两者合作无间

区块链由于文件系统固有的加密技术，使得区块链非常适合存储高度敏感的个人数据。这些数据经过处理之后，能够为我们带来许多价值和便利。就像淘宝会为我们推荐想要购买的东西一样。

将个人数据输入系统是一个私密的操作，这就意味着处理数据的企业需要花费更多的力气去保证数据安全。即使如此，大规模的个人数据泄露也是屡见不鲜。

区块链数据库以加密状态保存，需要通过私钥进行解密。而新兴的 AI 领域提供的算法能够在处理数据时将数据保持在加密状态。

（2）区块链可以帮助我们跟踪、理解和解释 AI 的决策

AI 作出的决策有时候令人难以理解。这是因为 AI 在运算过程汇总中会评估大量的变量，就像一个大型连锁超市将所有店

铺的交易数据提交到人工智能系统中，由人工智能系统负责决定哪些产品应该进货，以及在哪里进货。如果得出的结果偏差太大，你会对这个结果表示怀疑。

但如果区块链上存在点对点的决策数据，那么就可以对决策进行审计，因为记录的信息无法在记录和审计过程之间被篡改。你可以在区块链记录的决策过程中，理解和解释 AI 的决策。

（3）AI 可以比人类（传统计算机）更有效地管理区块链

虽然传统计算机的计算速度非常快，可一旦没有明确的指示，计算机就无法完成任务。这就表示，由于区块链的加密特性，使得传统计算机在处理区块链数据时会耗费大量的时间。

比如，应用在比特币区块链上的哈希算法就采用了一种"蛮力"的方式——尝试各种字符组合，逐步验证，直到找到验证交易的字符为止。

而人工智能可以摆脱这种"蛮力"的尝试，用一种更聪明的方式管理任务。比如，一个专门破解代码的人类专家，当他成功破解的代码越来越多时，他的能力就会越来越出色，但他需要花很长时间才能达到某一水准。而人工智能也可以通过学习的方式提升能力，但不必花费太多的时间。它只要能够获得正确的培训数据，几乎能够立即提高自己的技能。

区块链和 AI 是两种技术趋势，其自身都具有开拓性，但两者结合之后，相辅相成，其潜力将变得更具革命性。

7

盘点区块链技术在世界领先的国家

　　区块链不只在中国火爆，其热浪已席卷全球。那么，因国情、政策、开放程度不同，有哪些国家走在了区块链的前沿呢？下面我们就来盘点一下。

　　（1）爱沙尼亚

　　爱沙尼亚是首个将区块链技术应用在医保系统中的国家。该国利用区块链技术构建了一个无钥签名的模式。这个模式的核心要素就是数字身份。

　　相关数据表示：截至 2012 年，90% 的爱沙尼亚人有一个电子身份证卡。这个电子身份证卡内包含持卡人的基本信息，以及数字签名和个人识别码。爱沙尼亚人使用这张卡能够在网路上投票，检视与编辑他们的自动化报税表格，申请社会安全福利，取得银行服务以及大众运输服务等。他们也可以用他们手机上的行动 ID 来做这些事。家长和学生使用爱沙尼亚的 e-School 来查询作业、课程、成绩，和教师合作。2013 年，95% 的爱沙尼亚报税人使用电子报税，有 98% 的银行交易是在网络上进行。

同时，每个爱沙尼亚人都会将个人健康数据存储在区块链上，并且有独自专属的存取密码，能够由自己决定什么人能够在线上取得这些资料。

（2）荷兰

荷兰将区块链技术用于废物治理。荷兰为了管理这些从其他欧盟国家运来的废物、监督废物的处理过程，必须和多方联系，而且这一过程依赖人力手工处理，耗费大量的人力资源，但通过区块链技术，他们可以将流程中的人力节省出来。

欧洲废物运输项目参与方 LegalThings One 的创始人里克施密茨表示："我们可以想象一下，每一个卡车司机都不需要携带任何纸张，也不必为了边境检查而停车。现在，每年仅在荷兰就涉及近 60 多万次的跨境运输，使用了区块链技术以后，能因此省下的时间和金钱都不可估量。"

（3）丹麦

丹麦将区块链技术应用在了航运领域，是世界上第一个完成这一壮举的国家。过去，丹麦的工业或者商业项目经常面临跨边境、跨时区的船舶贸易和船舶登记程序，而随着贸易来往的增加，程序也会变得复杂且耗时，甚至为了签署一份法律合同，需要跨越半个地球。

为此，丹麦海事局利用区块链技术搭建了一个平台，利用区块链以实现船舶贸易和船舶登记程序数字化。

（4）澳大利亚

澳大利亚支持比特币等数字货币的交易和流通，而澳洲证券交易所（ASX）是一家将交易区块链技术用于其交易后结算流程的大型交易所，为全球之首。

（5）瑞典

瑞典央行计划在两年内推出国家加密货币（电子克朗），欲打造全球首个无现金经济体。而瑞典土地登记机构已经开启了基于区块链技术的实时产权交易，用智能合约和区块链技术管理全国的房产。

（6）韩国

韩国成立了一个金融创新局，专门为韩国区块链和金融行业服务，以开放加密货币 ICO 为突破口，力图将全球化的加密货币交易所引入韩国。2018 年的一份报告表示："政府已拨出 40 多亿美元用于投资各种分布式账本和区块链技术的行政应用。"